মোটিভেশনাল

আলোর অনুসন্ধানে

মোহাম্মদ ফাছিহ-উল ইসলাম শাইয়্যান

"আলোর অনুসন্ধান" একটি মোটিভেশনাল বই, যা জীবনের নানা বিষয় এবং চ্যালেঞ্জকে কেন্দ্র করে রচিত। মোহাম্মদ ফাহিহ-উল ইসলাম শাইয়্যান এই বইয়ের মাধ্যমে জীবনের প্রতিটি মুহূর্তে অনুপ্রেরণা খুঁজে পাওয়ার কৌশল এবং মানবিক মূল্যবোধের চর্চাকে তুলে ধরেছেন।

বইটির প্রতিটি অধ্যায়ে রয়েছে জীবনের বিভিন্ন দিক নিয়ে লেখকের গভীর পর্যবেক্ষণ, ব্যক্তিগত অভিজ্ঞতা, এবং দার্শনিক চিন্তাধারা। লেখক এমন কিছু প্রশ্ন উত্থাপন করেছেন যা পাঠকদের নিজ জীবনের গভীরে চিন্তা করতে উৎসাহিত করে। সুখ, সাফল্য, ব্যর্থতা, এবং আত্মোন্নয়ন—এসব বিষয় নিয়ে লেখকের অন্তর্দৃষ্টি এবং জীবনগল্প পাঠকদের নতুন করে জীবন ভাবতে উদ্বুদ্ধ করবে।

বইটির অন্যতম প্রধান বৈশিষ্ট্য হলো লেখকের সহজ-সরল উপস্থাপনা এবং পাঠকদের মনের সঙ্গে সংযোগ স্থাপন করার ক্ষমতা। "আলোর অনুসন্ধান" মূলত একটি পথপ্রদর্শক, যা পাঠকদের জীবনের চ্যালেঞ্জকে ইতিবাচকভাবে গ্রহণ করতে এবং এগিয়ে চলার সাহস যোগাতে সহায়ক।

গুরুত্বপূর্ণ পাঠ্য বিষয়বস্তু:

- সৃজনশীল চিন্তা এবং মনোবল বৃদ্ধি।
- সমাজ এবং ব্যক্তিজীবনের বিভিন্ন সমস্যা ও তার সমাধানের উপায়।
- ব্যর্থতার মধ্য থেকে সাফল্যের দিকে এগিয়ে যাওয়ার প্রেরণা।
- জীবনের অর্থ খোঁজার অন্তর্দৃষ্টি।
- এটি এমন একটি গ্রন্থ যা প্রতিটি মানুষকে নতুন দৃষ্টিভঙ্গি অর্জন করতে এবং জীবনের পথে এগিয়ে যেতে সাহায্য করে।

সূচীপত্র

৩২) জীবন-জিজ্ঞাসা
৩৩) ধুলোর মতই নতজানু হতে দোষ কোথায়, বন্ধু?
৩৪) একজন ধার্মিক মানুষের হাতে স্বর্ণের ইট
৩৫) বেঁচে থাকার আনন্দে বলুন- 'চিহহহ্!'
৩৬) ''এই ঠান্ডা শরবত, খাইতে লাগে মজা''
৩৭) গলে পড়া তুষারকে দেখো, নরম হওয়া তারই কাছে শেখো!
৩৮) মনের ভিতর আছে যা, বাহিরেও কি আছে তা?
৩৯) একজন গুরুর খোঁজে
৪০) জীবনের কোলাহল
৪১) আপনার বেতন কত?
৪২) খুশির ভেলা
৪৩) Law of Association ও বন্ধুত্ব
৪৪) যিনি 'আলিফ'-এ ঈশ্বরকে পেয়ে যান, তাঁর কিতাব দিয়ে কি হবে?
৪৫) খোদা কোথায়?
৪৬) নিয়তিকে কাছে টানা খুবই সহজ
৪৭) আজ রাতে, আপনার কাছে আছে কি কোন সমস্যা ্সমাধানের অপেক্ষায়?
৪৮) কে উঁচু মানের মানুষ?
৪৯) মনের মাঝে লুকিয়ে থাকা হাত পাখা
৫০) আলোক বর্তিকা হাতে ব্লগারদের রত্নসম্ভারে আজকের রাত
৫১) দুই বন্ধুর গল্প
৫২) কুহু ডাকে আলোর খোঁজে ভেসে যাওয়া পথিক
৫৩) আজকের দিনে দিচ্ছি এই ভাবনা, নিজের চোখ জোড়ার মাঝেই নিজেকে খুঁজে ফেরো না
৫৪) পথিক, ঐ দূর্গম পথ তোমারই জন্যে, যদি হতে চাও অক্ষয়
৫৫) পরমাণু চিন্তাঃ ভালোবাসার নগ্নতায় পরিবর্তনের আহবান
৫৬) সময়ের সাথে গা মিলিয়ে একটু নির্জনতা
৫৭) যে চুমু আমাদের প্রাপ্যের খাতায় অপেক্ষায়
৫৮) এই দুনিয়ায় আছে হরেক রকমের মদ, সাবধানে যদি বেছে না নাও, করবে তোমায় অবোধ!
৫৯) জ্ঞানী'র আলো যবে নেয় স্বপ্নিল কোন আকার, সবুজেরা জেগে উঠে দূর করে সব অন্ধকার!
৬০) মনের ভিতর আছে যা, বাহিরেও কি আছে তা?
৬১) বুদ্ধিমানদের নিয়ে কথকতা
৬২) আপনার বেতন কত?
৬৩) এক বিলিয়ন ডলার প্রধানমন্ত্রী, মাত্র এক বিলিয়ন ডলার
৬৪) ঢাকার রাজকীয় ডাস্টবিনে নগর-পথিকের একদিন
৬৫) জীবনের অর্থ কি
৬৬) বিপদ কালে মনে পড়ে সুখ প্রদীপের কথা
৬৭) অভুক্ত ব্যক্তিকে খাওয়ানো রোজা রাখার চেয়ে বেশি উত্তম

৬৮) যখন মৃত্যু কাছে সরে আসে, সম্পদকে কে তখন ভালোবাসে?
৬৯) খেলিছো এ বিশ্ব লয়ে, বিরাট শিশু....আনমনে, খেলিছো!
৭০) পাখা নিয়ে জন্ম নেওয়া মানব সন্তান জীবন যুদ্ধে হেরে যাবে কেন!
৭১) একাকীত্বে ভোগা মানুষগুলো'র জন্যে কিছু কথা
৭২) দিন যায়, কথা থাকে...যে কথা ছিলো মনে!
৭৩) সে যত ছোটই হোক, সম্মান তার অধিকার
৭৪) না পাওয়ার যন্ত্রণা ভালোবাসার বৃষ্টিতে ঢাকা পড়ে যায়
৭৫) একজন দরবেশের জীবন
৭৬) নিজের সাফল্যের রহস্য অন্যকে জানতে দিলে কেউ অসফল হয়ে যায় না
৭৭) বড় হয়ে মেয়েটি ডাক্তার হতে চায়
৭৮) লবিং করেও ৪ বছর চাকরী না পাওয়ার ব্যর্থতার কাহিনী
৭৯) ছেলেটি থাকলো না
৮০) পথশিশুদের সাথে ঈদের আনন্দ ভাগাভাগির মজাই আলাদা!
৮১) ব্যবসায়ী আর ভ্রমণকারীদের সাথে খারাপ আচরণ দূর্ভোগ বাড়ায়
৮২) পরম বন্ধুর চেহারা, কিনলে হই আত্মহারা
৮৩) কাজের মাঝেই সব কিছু আছে, ভয় কেন যদি লোকে কিছু কয় পাছে!
৮৪) নিঃশব্দ রাতে পিছু ডাকা শৈশব
৮৫) আমাদের জ্ঞানের পরিধি অপরিসীম

১) ভালো কাজের মন্ত্রনালয়

ঘটনার শুরু গতকাল রাতে। বিশ্বের বিভিন্ন দেশের অপরাধের পরিসংখ্যান নিয়ে একটি গবেষণা করছিলাম। গুগলে সার্চ দিয়ে বিভিন্ন ওয়েবসাইটে থাকা ডাটাগুলো পড়ে নোটবুকে টুকে নেওয়ার ফাঁকে হঠাৎ-ই একটা প্রশ্ন জাগলো মাথায়। আচ্ছা, বিভিন্ন দেশে প্রতি বছর মাথা পিছু কতগুলো ভালো কাজ হয়? যেমন ভাবা, তেমন কাজ! সাথে সাথে গুগলে সার্চ লাগালাম। আশ্চর্য! পৃথিবী'র মানুষগুলো'র ভালো কাজের পরিসংখ্যান নিয়ে একটিও ওয়েবসাইট নেই! এ নিয়ে কোন গবেষণাও চোখে পড়লো না!

আমি প্রায়ই গুগলকে বিভিন্ন বিষয় নিয়ে প্রশ্ন জিজ্ঞেস করি। বেশির ভাগ সময়ই সে উত্তর দেয়। কাল রাতে জিজ্ঞাসা করলাম- "What is Good Work?" ... "ভালো কাজ কি?" গুগল নিরুত্তর।

একটু ভাবিত হলাম। তবে কি ভালো কাজের কোন সংজ্ঞা নেই? তাই, একটু অন্য ভাবে চেষ্টা করলাম।

কীবোর্ডে ঝড় তুলে লিখলাম- "What is Good?"

এবারে কিন্তু কিছু উত্তর ভেসে উঠলো স্ক্রিনে। ভালোর সংজ্ঞা হিসেবে গুগল জানালো- "Good is that which is morally right", অর্থাৎ, ভালো হচ্ছে সেটাই যা নৈতিকভাবে সঠিক। ভালো'র সমার্থক শব্দ সততা, ধার্মিকতা, নৈতিকতা ইত্যাদি।

থামলাম না। একে একে সমার্থক শব্দগুলো নিয়ে গুগলকে একই ধরণের প্রশ্ন করলাম। জিজ্ঞাসা করলাম- "How many honest works held in the world every year?"

গুগল আবারো নিশ্চুপ হয়ে গেলো। প্রথম পেইজেও এ নিয়ে তথ্য সমৃদ্ধ কোন ওয়েবসাইট চোখে পড়লো না।

আমি কি তবে ভুল প্রশ্ন করছি? তা হবে কেন! আর, যা-ই হোক ভালো কাজ, সততা, ধার্মিকতা, নৈতিকতা... এগুলোর মাপকাঠি বিভিন্ন হলেও, এগুলো'র তো সার্বজনীন একটা সংজ্ঞা আছে। তাহলে এগুলো নিয়ে কেন গবেষণা হয় না? কেন এগুলো'র পরিসংখ্যান নিয়ে কোন ওয়েবসাইট নেই? প্রশ্নগুলো'র উত্তর খুঁজে পেলাম না।

দেশের একটি আইন ভাঙ্গলেই পুলিশ পিছু নেয়, ধর্মীয় আইন এদিক-ওদিক করলেই ফতোয়া জারী হয়। কিন্তু, একটি ভালো কাজ করলে কেন তার হিসেব রাখা হয় না? অপরাধ দমনের জন্যে যদি একটি প্রশাসন থেকে থাকে, ভালো কাজের জন্যে কেন থাকবে না!

এমন যদি হতো, অপরাধীদের ধরার জন্যে যেমন ইন্সপেক্টর জেনারেল অব পুলিশ আছেন, ভালো লোকদের ভালো কাজগুলো'র জন্যে থাকবে [si]ইন্সপেক্টর জেনারেল অব গুড ওয়ার্কস[/si]! যার কাজ হবে, সমাজের ভালো লোকদের খুঁজে খুঁজে বের করা, আর তাঁদের কাজগুলোকে পুরস্কৃত করা!

তা করতে পারলে, হয়তো নিচের ঘটনা ঘটতে দেরী হবে না!

থানায় একজন মানুষকে ধরে নিয়ে আসা হয়েছে। এ থানার কাজ ভালো ভালো মানুষকে খুঁজে বের করা।

কন্সটেবল ডিউটি অফিসারকে বললোঃ ''স্যার, এই ভালো লোককে ধরে নিয়ে এসেছি। উনি যে কাল রাস্তা থেকে ময়লা নিজ হাতে তুলে ডাস্টবিনে ফেলেছেন, এটা কিছুতেই স্বীকার করছেন না।''

ডিউটি অফিসারঃ ''কি! এতো সাহস! এক্ষুনি উনাকে ইন্টারোগেশন রুমে নিয়ে যাও। এর একটা বিহিত করতেই হবে।''

যথারীতি ইন্টারোগেশন রুমে নিয়ে যাওয়া হলো বেচারাকে। বাইরে বেশ গরম বলে ইন্টারোগেশন রুমে এ,সি, চলছে। এ যেন ফাইভ স্টার কোন হোটেলের লবি! এমনই ভাবে সাজানো রুমটি! আরামের গদি মোড়া চেয়ারে বসানো হলো ভালো লোকটাকে।

কিছুক্ষণ পরেই ওসি এলেন। সাথে ঐ এলাকার পুলিশ কমিশনার। উনাদের এলাকায় এমন কান্ড কিভাবে হলো তা জানতে এসেছেন তিনি। ডিউটি অফিসারের মুখে ঘটনা শুনে ওসি-ই ফোন করেছিলেন তাঁকে।

হাতের ঠান্ডা পানীয়টি সসম্মানে লোকটির হাতে দিয়ে বললেন- ''ভাই, কি যে মুশকিলে ফেলেছেন! গত এক সপ্তাহ ধরে ফুটপাতে ময়লাটি ফেলে রেখেছিলাম, যদি কেউ উঠিয়ে ডাস্টবিনে ফেলে, তাঁকে পুরস্কৃত করবো বলে। অনেক লোক গেলো, কেউ করেনি। আর, আপনি এই কাজটি করেছেন তো করেছেন, লুকিয়েও রেখেছেন! আপনি কি জানেন না, Ministry of Good Works-এর মন্ত্রী প্রতিটি ভালো কাজের জন্যে পুরস্কার ঘোষনা করে রেখেছেন!''

ভালো লোকটি বিরস মুখে বসে আছে তবুও। ভালো কাজটি করেছেন বলতে কুন্ঠা বোধ করছেন।

ইন্টারোগেশন রুমের টেলিফোনটি বেজে উঠলো। ওসি রিসিভারটি ধরেই দাঁড়িয়ে গেলেন।

রুমের সবাই শুনতে পেলো, তিনি বলছেন- 'জী, স্যার। ওকে, স্যার। বুঝেছি, স্যার......''

ফোন রেখে কমিশনারের দিকে তাকিয়ে বললেন "মাননীয় মন্ত্রী, হ্যালিকপ্টার পাঠাচ্ছেন। ভালো মানুষটিকে নিয়ে যাওয়ার জন্যে। বঙ্গভবনেই তাঁর হাতে তুলে দেওয়া হবে পুরস্কার। দেশের এ মাসের সবচেয়ে ভালো মানুষ বলে কথা!"

....

সেদিনটা হয়তো খুব বেশি দূরে নয়!!!

২) সুখের নিবাসের খোঁজে একদিন

সুখের খোঁজ করে সব মানুষই। সুখ পেতে মাটির ঘর ভেঙ্গে বাড়ি-ঘর তৈরী করে তারা, আবার সে ঘর ভেঙ্গেই সুউচ্চ অট্টালিকার ভিত গড়ে। কেউ সুখের খোঁজে দেশান্তরী হয়, কেউবা আবার পরের ধনে সুখ খুঁজে পেতে লর্ড ক্লাইভের মতই দেশান্তরী হওয়া সেই ভূমিকে কব্জা করে হাতের মুঠোয় ভরে।

এমন কি পশু-পাখিও এ থেকে বাদ যায় না। একটু সুখের খোঁজে বিড়াল মাটি ছেড়ে বিছানায় উম নেওয়ার চেষ্টা করে, বৃষ্টি'র সময় কুকুর আঙ্গিনায় বাড়ির ছায়ায় একটু আরাম খোঁজার প্রয়াস পায়। 'স্বাধীনতার সুখ' কবিতাটি'র কথা মনে পড়ে? সেই যে কবি লিখেছেন-

বাবুই পাখিরে ডাকি, বলিছে চড়াই,
“কুঁড়ে ঘরে থেকে করো শিল্পের বড়াই,
আমি থাকি মহাসুখে অট্টালিকা পরে
তুমি কত কষ্ট পাও রোদ, বৃষ্টি, ঝড়ে।”

বাবুই হাসিয়া কহে, “সন্দেহ কি তাই ?
কষ্ট পাই, তবু থাকি নিজের বাসায়।
পাকা হোক, তবু ভাই, পরের ও বাসা,
নিজ হাতে গড়া মোর কাঁচা ঘর, খাসা।”

চড়াই যেমন অন্যের বাসায় সুখ পেতে চায়, বাবুই পাখিও কি তা-ই চায়? আর, সেখানেই যত গন্ডগোল। স্বামী চায় তার সীমিত আয়ে ঘর চলুক, কিন্তু স্ত্রী'র চোখ অন্যের বি,এম,ডব্লিউ-র উপর। বাবা-মা চায় ছেলে ডাক্তার-ইঞ্জিনিয়ার বনুক, ওদিকে ছেলের মন পড়ে আছে কখন সাকিবের ব্যাটিং-এর দিকে। দেশের সরকার প্রধান চান নিজের ভূমির মানুষকে সুখে রাখতে অন্য দেশ থেকে সম্পদ আহোরন করতে, অন্যদিকে অন্য দেশ চায় নিজ দেশের সম্পদ নিজ ভূমেই থাকুক। সব জায়গাতেই ব্যক্তি বা ব্যক্তি-সমষ্টির চাওয়াকে গুরুত্ব দিয়ে সুখের অন্বেষণ চলে, সে ব্যক্তি পর্যায়েই হোক কি কোন রাষ্ট্র, সবারই সেই একই চিন্তা।

যখনই সুখ পাবার পথে বাঁধার সৃষ্টি হয় বা তা পেতে বিলম্ব ঘটে, তখনই যত বিপত্তি। এইখানেই যত সংঘাতের শুরু। সুখের অভাবে শরীর খারাপ করে, পরিবারে অশান্তি আসে, সমাজে গন্ডগোল হয়, রাষ্ট্রে বিদ্রোহের দেখা মিলে আর দুই রাজ্যে যুদ্ধ-বিগ্রহ শুরু হয়। কিন্তু, তাই বলে কি সুখের খোঁজ বন্ধ হয়ে যাবে? নাকি সুখের উৎস বা অর্থ বোঝার মাঝে ভুলের কারণেই এই বিপত্তি?

একটু লক্ষ্য করলে দেখা যাবে, মানুষের চিন্তার পরিধি পাঁচটি পর্যায়ে সীমাবদ্ধ- ব্যক্তি, পরিবার, গোত্র/সম্প্রদায়, জাতি আর পৃথিবী। এই পাঁচটি ক্ষেত্র জুড়েই মানুষের যত চিন্তা-ভাবনা। বাসার লাইটের সুইচ নেভানোর কথাই চিন্তা করুন। অনেকেই আলস্য করে অপ্রয়োজনীয় সত্ত্বেও দিনের বেলা অফিসের লাইট জ্বালিয়ে রাখেন। সেখানে ব্যক্তি সুখই মূখ্য, এতে অফিসের বিদ্যুৎ বিল বা রাষ্ট্রের বিদ্যুৎ খরচ বেড়ে যাচ্ছে কি না তা চিন্তাতেই আসে না। কিংবা, কেউ হয়তো উচ্চস্বরে গান বাজাতে পছন্দ করে, কিন্তু তা প্রতিবেশী'র বাচ্চার ছেলে-মেয়ের পড়ার সময়ে ব্যাঘাত সৃষ্টি করছে কিনা তা বুঝতে ব্যর্থ হোন অনেক ব্যক্তিই। রাষ্ট্রপ্রধান হয়তো বিরোধীদলকে খোঁচা দিয়ে কোন কাজ বা মন্তব্য করে বসলেন, বিরোধীদলও হরতাল দিয়ে দিলো। সাথে সাথে রাষ্ট্র জুড়ে দাঙ্গা-হাঙ্গামা। একটি রাষ্ট্র চায় পারমানবিক অস্ত্রের অধিকারী হতে, অন্যদিকে অন্য কোন শক্তিধর রাষ্ট্র তা হতে দিবে না।

কোন কোন মানুষ তারও উপরের লেভেলে চিন্তা করতে পারেন। গ্রীন হাউস ইফেক্টের ফলে অনেক দেশই পানির তলায় তলিয়ে যাবে বলে অনেক ধারণা পোষন করেন। সেই দেশগুলোর মানুষকে বাঁচাতে চলে বিস্তর গবেষনা। পৃথিবীতে মানুষের সংখ্যা বেড়ে যাচ্ছে, ভবিষ্যতে থাকার জায়াগার সমস্যা হবে। তারই উপায় খুঁজতে মহাকাশের গ্রহে গ্রহে পাঠানো হয় মিশন। তারও উপরের লেভেলে চিন্তা-ভাবনা করা যায় কি? যেমন সৃষ্টিকর্তা অন্য কোন গ্রহে প্রাণের সৃষ্টি করেছেন কিনা, সেই গ্রহের প্রাণ মানুষের চেয়ে বেশি বুদ্ধিমান কিনা। বুদ্ধিমান হলে, তাদের বানানো প্রযুক্তি আমাদের কাছে হস্তান্তর করবে কিনা, এমনই কোন চিন্তা হয়তো ঘুরপাক খায় মানুষের মনে।

এভাবেই মানুষ চিন্তা করে। সেই চিন্তা যার যত উচ্চ ক্ষেত্র জুড়ে, তার কাছে সুখের সংজ্ঞা ততই বিস্তৃত। সেই সুখের সংজ্ঞা যার কাছে যত বড়, সেই তত কর্মক্ষম। যে যত বেশি কর্মক্ষম, জীবন থেকে তার তত পাওয়ার সম্ভাবনা বেড়ে যায়। আর, মানুষ যখনই নিজ চাওয়া-পাওয়ার মাঝে মিল খুঁজে পায়, তখনই হয়ে উঠে সুখী।

জীবন এভাবেই চলতে থাকে।

৩) প্রশ্ন জিজ্ঞাসা করার মজা

অনেকেই আপেলকে গাছ থেকে পড়তে দেখেছেন...কিন্তু, একমাত্র নিউটনই জিজ্ঞাসা করেছিলেন- "ওটা কেন পড়লো?"

আমরা চারপাশে অনেক কিছুই ঘটতে দেখি। সেই ঘটনাগুলো আমাদের মনে কোন দাগ কাটে না। কেমন যেন পাশ কাটিয়ে যাই ওগুলোকে।

অথচ, একটু যদি ভেবে দেখতাম ঘটনাগুলো কেন ঘটছে, কত বিস্ময়কর কাহিনীই না বের হয়ে আসতো!

অনেকেই আছেন প্রশ্ন করতে লজ্জা পান, আবার এমনও অনেকে আছেন যাদেরকে প্রশ্ন করলেই ক্ষেপে যান। কিন্তু, তারা যদি জানতেন প্রশ্ন করা এবং প্রশ্ন শোনা দুইয়ের মাঝেই কত শিক্ষা লুকিয়ে আছে, তারা কি এমন করতে পারতেন? এরকম মানুষদের যদি সেই পিতা বা পুত্রের কাহিনী মনে করিয়ে দেওয়া যেতো, তারা হয়তো এম্নটি আর মনে হয় করতেন না।

পিতা ও পুত্র মাছ ধরতে গিয়েছে। নৌকা যখন মাঝ নদীতে, হঠাৎ করেই পুত্র পিতাকে একটার পর একটা প্রশ্ন করতে লাগলো।

"আচ্ছা, বাবা, নৌকা পানিতে ভাসে কেন?"

পিতা উত্তর দিলেন- "আমার ঠিক জানা নেই, সোনা।"

ছেলেটি আবারো জিজ্ঞাসা করলো, "মাছগুলো পানির নিচে কিভাবে শ্বাস নেয়?"

বাবা'র উত্তর- "এটাও আমার ঠিক জানা নেই, পুত্র।"

"বাবা, আকাশের রং নীল কেন?" ছেলে আবার জিজ্ঞাসা করে।

পিতা এবারেও উত্তর দিলেন- "আমি ঠিক জানি না।"

ছেলে এবারে প্রশ্ন করে, "তোমাকে যে এতোগুলো প্রশ্ন জিজ্ঞাসা করলাম, এরজন্যে কি তুমি আমার উপর রাগ করেছো, বাবা"

পিতা একগাল হেসে উত্তর দিলেন, "কখনোই না! তুমি যদি প্রশ্নগুলো না করো, কখনোই তুমি কোন কিছু শিখতে পারবে না।"

তাই, প্রশ্ন করো হে বন্ধু, প্রশ্ন করো।

৪) হে অভিবাসী, কোথায় পালাচ্ছ তুমি?

পালাচ্ছ কোথায়, হে দ্বিচারী বিচারি! ভেবে দেখেছ কি আমার এ খোলা জমিনে আবার ফিরে আসতেই হবে তোমারই? তোমা-আমার আগে কত অবিবেচকই না তা নিয়ে অনুতাপে ভুগেছে। বলো তো আজ কোথায় তাদের স্থান হয়েছে? মনে করতে পারো কি, কত প্রান্তিক জনগোষ্ঠী আর মরুভূমি তুমি একা পাড়ি দিয়েছো। এ জীবনের কত সুন্দর সময়ই না তুমি ধুলায় লুটিয়েছো। এমন করে কত সময়ই বা আর হারাবে, কত শত-কে হারিয়ে যেতে দিবে সময়ের অতল গহ্বরে?

ওহে আগুন্তুক, আর কতদিন পালিয়ে হবে ভিনদেশী! তুমি কি জানো না কপালের লিখন আর সময় কখনো পিছু ছাড়েনি তোমারই? হৃদয়ে এতো হাহাকারের জন্ম কোথা থেকে জাগে তোমার? কেনইবা তুমি এমন অসুখীর মতো এ পথে দাঁড়িয়ে? মনে করে দেখেছ কি কিভাবে তুমি জীবনের অশেষ বাধাগুলোকে পার করে দাও? সে বাধা পেরিয়ে তূমি তা থেকে কি শিখতে পাও? শেখো কি না শেখো, জীবনের এ স্রোতের নিজ পথে চলা আমি কি করে রুখবো! তোমার-আমার যৌবনের মতোই, দিবসগুলো কেমন যেন অফুরান থেকেই যায়। ওহ, কি দুর্ভাগ্যই না আমাতে!

হে জীবনের পাললিক দেশে পরিভ্রমণকারী, এই উপদেশ তো তোমারই জন্যে জানি। কেনার আগে দেখে নিয়েছো কি নিজের পোশাকের কি গতি! ওহে ঘুমন্ত নাগরী, বলতে কি পারো আমার কি ব্রতি? তুমি জানো কি, তোমার সে খবর আমার কাছে পৌঁছেছে। আমি জানি, আমার সাথে যা ঘটেছিলো তা-ই তোমার ভাগ্যে ঘটেছে। তবে কি আমাদের এই দু'হৃদয় ছুটে চলেছে সেই অদৃষ্টপানে?

৫) ব্যবসায়ে 'না' বলার কৌশল

ব্যবসায় সাফল্য লাভের অনেক উপায় আছে। কিন্তু, অনেকেই আছেন যারা জানেন না, সেই অনেক উপায়ের একটি হচ্ছে- 'না' বলা। এখানে মনে রাখা জরুরী যে, আমাদের সম্পদ সীমিত, সময়ও অফুরান নয়, গায়ের শক্তিও এমন নয় যে সব কিছু একসাথে করে ফেলা যাবে। তাছাড়া, কোন কাজ করার পেছনে যে অনুপ্রেরণা প্রয়োজন তা সব সময় এক লেভেলে থাকে না, কম-বেশি হয়ি। এই যখন অবস্থা, তখন কি করে সবাইকে 'হ্যাঁ' বলা যাবে? নাকি তা বলা উচিৎ?

আপনি যদি ছোট-বড় সব সুযোগকেই 'হ্যাঁ' বলতে থাকেন, এমন সময় আসবে যখন বড় কোন সুযোগকে 'হ্যাঁ' বলতে পারবেন না। কারণ, সাধ থাকলেও, সাধ্য তো নেই!

সেজন্যে, কিভাবে 'না' বলতে হয় তা আপনাকে শিখতে হবে। কাউকে সুন্দর করে 'না' বলতে পারাটা একটি শিল্প। যে ব্যক্তি তা নিপুণ ভাবে করতে পারেন তিনি একজন শিল্পী। কৌতূহল হচ্ছে কি কিভাবে মানুষের মনে ব্যথা না দিয়েও 'না' বলা যায় যাতে আপনি নিজেও পরে কোন অপরাধবোধে না ভুগেন?

অনেক ব্যক্তিই আছে যারা মানুষকে 'না' বলতে গিয়ে খুব রুক্ষ হয়ে যান। এটা করা কোন ভাবেই উচিৎ নয়। কিন্তু, তাই বলে আপনি যাতে খুশি হতে পারবেন না, যা আপনার ব্যবসাকে সামনে এগিয়ে নিয়ে যাবে না, সেরকম কিছুতে কেন রাজি বলবেন! অথচ, অনেকেই তা করে থাকেন। কেন? এর প্রধান কারণ, স্বভাবগত ভাবে মানুষ কাউকে 'না' বলতে অস্বস্তি বোধ করে। তাই, কোন কিছুকে 'না' বলার কৌশল জানার আগে জানা যাক, মানুষ কেন এই অস্বস্তি বোধ করে।

এর প্রথম কারণ, মানুষ কোন ভাবেই কারো প্রতি অভদ্র আচরণ করতে চায় না। এরকম অনেকেই মনে করে থাকেন, কাউকে 'না' বলাটা একটা অভদ্রতা। বড়কে 'না' বলতে নেই, অফিসের সিনিয়র অফিসারকে 'না' বলা যাবে না কিংবা ব্যবসার পুরোনো কাস্টোমারকে 'না' বলাটা ব্যবসার জন্যে ক্ষতিকর- এমন নীতি ও সংস্কৃতি মেনে চলেন।

দ্বিতীয় কারণ হচ্ছে, অনেকেই কাউকে 'না বলতে পারেন না সম্পর্ক ভেঙ্গে যাবার ভয়ে। কাজের বন্ধু হয়তো এসে বললো- 'দোস্ত, কাজটি করে দে।' আপনিও বন্ধুকে খুশি করতে হাতের কাজ ফেলে কাজটি করতে লেগে গেলেন। কেন এমন হয়? আসলে বন্ধুর সাথে খারাপ হয়ে যাবে বা ভেঙ্গে যাবে এই ভয়ে অনেকেই অনুরোধে ঢেকি গিলে ফেলেন।

কাউকে 'না' বলতে পারার আরেকটি কারণ হচ্ছে, মানুষের একটি সুযোগসন্ধানী স্বভাব আছে। এই স্বভাবের কারণেই কোন সুযোগকেই ছেড়ে দিতে চায় না কোন কোন মানুষ। এই স্বভাবের কারণেই মানুষ যত অপ্রয়োজনীয় আমন্ত্রনই হোক না কেন, তাকে 'হ্যাঁ' বলে ফেলে। 'পাছে যদি সুযোগটি ছুটে যায়', 'হতেও পারে

এটা আমার জন্যে অনেক বড় সৌভাগ্য বয়ে আনতে পারে’, এমন মনোভাবের কারণেই কোন কোন মানুষ সব সুযোগকেই ‘হ্যাঁ’ বলে ফেলে।

শেষ কারণটি হলো, মানুষ কোন ভাবেই নিজেকে দোষী হিসেবে দেখতে চায় না। কেউ যদি ‘না’ বলাটা অভদ্র আচরণ মনে করে, সে কাউকে ‘না’ বলার পর নিজেকে অপরাধী ভাবতে থাকে। কিন্তু, মানুষ তা কখনো চায় না। ‘না’ বলার কারণে কোন অঘটন ঘটে গেলে নিজেকে দোষী হতে হবে, এই ভয়ে অনেকেই কারো মুখের উপর ‘না’ বলতে পারেন না।

এবারে চোখ বন্ধ করে একটু ভাবুন তো, উপরের কোন কারণটির কারণে মানুষকে ‘না’ বলতে পারেন না? হতে পারে, আপনার হয়তো অন্য কারণও থাকতে পারে। আপনার চারপাশের পরিবেশ, বয়স কিংবা আপনি যে পরিস্থিতিতে আছেন আছেন তা ভিন্ন হলে, আপনার কারণটাও ভিন্ন হতে বাধ্য। তবে, গবেষকদের মতে, উপরে উল্লিখিত চারটি মূল কারণই মানুষকে অপ্রস্তুত অবস্থাতে ‘হ্যাঁ’ বলতে বাধ্য করে।
‘না’ বলতে পারার পিছনে যে কারণই থাকুক না কেন, নিজেকে বাঁচিয়ে এবং অন্যকে না চটিয়ে ‘না’ বলার কিছু কৌশল আছে। এই কৌশল প্রয়োগ করতে হলে তিনটি ধাপে ‘না’ বলতে হয়। সেই ধাপগুলো নিয়ে এবারে আলোচনা করা যাক।

১ম ধাপ- ‘সততাই সর্বোৎকৃষ্ট পন্থা':
এমন একটা পরিস্থিতির কথা চিন্তা করুন যখন কেউ আপনার কাছে কোন প্রস্তাব নিয়ে আসলো, আপনি ভেবে দেখলেন প্রস্তাবটা আপনার জন্যে লাভজনক নয়, কিন্তু ভেবে পাচ্ছেন না পরিচিত অনুরোধকারীকে কিভাবে ‘না’ বলবেন। এমন পরিস্থিতিতে আপনি কি করেন? কাজটি করার ইচ্ছা না থাকা সত্ত্বেও অনেকে এক্ষেত্রে ‘হ্যাঁ’ বলে থাকেন। মনে থাকে অন্য চিন্তা- ‘আপাততঃ রাজি হয়ে ব্যাটার কাছ থেকে নিস্তার পাই তো’। পরে দেখা গেলো কাজটি আপনি করলেন না। তখন কি হয়? আপনার সম্পর্কে সেই লোকটার মনে একটা খারাপ ধারণা সৃষ্টি হয়ে যায় না?
এখানে মনে রাখা জরুরী যে, আমরা যখন অন্য কোন মানুষের সাথে যোগাযোগ করি, শুধু মুখ দিয়েই কথা বলি না। আমাদের শরীরেরও একটি ভাষা আছে। গবেষনায় দেখা গেছে, মানুষের পারস্পরিক যোগাযোগের ৭০%-ই হয় কোন মুখের ভাষা ছাড়া। অর্থাৎ, যোগাযোগের সত্তর ভাগই হয় শরীরী ভাষা প্রয়োগ করে। এখন দেখা গেলো, মুখে ‘হ্যাঁ’ বললেন, কিন্তু আপনার শরীরের বাকি অংশ বলছে অন্য কথা, তখন কি অপ্রস্তুত অবস্থায় পড়ে যাবেন না?
এজন্যে, এসব পরিস্থিতিতে সত ভাবে মতামত ব্যক্ত করাই সবচেয়ে বুদ্ধিমানের কাজ। আপনি যা বলতে চান, তা সরাসরি বলে দিন- সেটা ‘হ্যা’-ই হোক কি ‘না’। অপ্রস্তুত অবস্থায় পড়ে লজ্জা পেয়ে ব্লাড প্রেসার বাড়ানোর চেয়ে এটা করাই ভালো না?

২য় ধাপ- কথা বেশি লম্বা করবেন নাঃ

'না' বলার পর পরিস্থিতি স্বাভাবিক করতে অনেকেই কোন কিছু না ভেবেই এর পিছনে কারণ ব্যাখা করতে লেগে যান। 'অমুক অমুক জায়গায় আমার মিটিং আছে' কিংবা 'আগামী সপ্তাহে আমার চাচাতো-মামাতো ভাইরা আসবে, তাদের সময় দিতে হবে' এমনই কোন হিবিজিবি যুক্তি দিয়ে অপ্রস্তুত অবস্থায় পড়া থেকে নিজেকে বাঁচাতে চান।

এমন করবেন না। আপনি যতই বড় করে ব্যাখ্যা করবেন, ততই ফেঁসে যাওয়ার সম্ভাবনা আছে। অনুরোধকারী হয়তো বলে বসবে- 'আমারটা তো বেশিক্ষণের কাজ না' কিংবা 'তোমার কাজগুলোর ফাঁকে কোন একটা সময় বের করে কাজটা করে দাও তাইলেই হবে'। অনেক ক্ষেত্রে কথা কাটাকাটি, এমনকি ঝগড়ার মতো পরিস্থিতি সৃষ্টি হতে পারে। দরকার কি এমন অবস্থার সম্মুখীন হওয়ার?

৩য় ধাপ- 'না' বলার কারণ বলুনঃ

কাউকে 'না' বলার পর, ছোট্ট করে এর পিছনের কারণ বলুন। কেউ হয়তো আপনার কাছে এসে বললো- 'এটা একটু করে দাওনা?' আপনার এই মুহূর্তে কাজটি করার কোন ইচ্ছা নেই। লোকটিকে সুন্দর করে বলে দিন- ' না ভাই, তুমি বলার আগে অন্য একজনের কাজে হাত দিয়েছি। তার কাজটা তাড়াতাড়ি করে দিতে হবে' অথবা 'আমার হাতে কিছু কাজ জমে আছে, সেগুলো আগে করতে হবে। তাই তোমার কাজটা হাতে নেওয়া সম্ভব নয়।' এরফলে কি হবে? দেখবেন, আপনি নিজেকে হাল্কা বোধ করবেন। অন্যদিকে আপনাকে যে অনুরোধ করেছে, সে-অখুশি হবে না কিংবা আর চাপাচাপি করবে না।

আগেই বলা হয়েছে, সুন্দর করে 'না' বলতে পারাটা শিল্প। আপনাকে নিপুণ একজন শিল্পী হতে হলে অনুশীলন করতেই হবে। তাই, এই তিনটি ধাপ ভালো করে মনে রাখতে হবে- প্রথমেই সরাসরি 'না' বলতে হবে, কথা বেশি লম্বা করা যাবে না, সবশেষে ছোট করে 'না' বলার কারণটি বলতে হবে।

ঠিক ভাবে এই তিনটি ধাপ প্রয়োগ করতে পারলে দেখবেন 'না' বলাটা কত সহজ হয়ে গেছে। তাহলে, এখন থেকেই এগুলো অনুশীলন করায় লেগে যান। দেখবেন, ব্যবসায় সফলতা লাভের সম্ভাবনা অনেক বেড়ে গেছে।

তথ্যসূত্রঃ ইন্টারনেটের বিভিন্ন ওয়েবসাইট এবং ইউটিউবের একটি ভিডিও ক্লিপ

৬) হে বন্ধু, তুমি কি লেখনী'র মাধ্যমে নিজের মনোভাব প্রকাশে দ্বিধা বোধ করো?

হে বন্ধু,
মনে আছে সেদিনকার কথা, যখন তুমি ছোট্ট একটি খোকা ছিলে?
সব কিছুই তোমার কাছে খুব সম্ভাবনাময় ছিলো
এই তুমিই তো তখন বিছানার কাথাটা ঘাড়ে ঝুলিয়ে
হয়ে উঠেছিলে রুপকথার সুপারম্যান।

.মনে কি পড়ে যখন তুমি ছোট্ট একটি খুকি ছিলে
এই তো সেদিনই তো তুমি মায়ে'র ঝাড়ুটি'র উপর চড়ে বসেছিলে,
যেন তুমি সেই উপকথার ডাইনী বুড়িটি!

ছোটবেলায় এই তুমিই না পড়ে যাওয়ার কথা চিন্তায় না নিয়েই
গাছে তরতর করে উঠে গিয়েছিলে!
কোথায় ছিলো ভয়-ডর তোমার!
তুমি শুধু ইচ্ছে প্রকাশ করেছিলে
আর তোমার কাজে তা জ্বলজ্বল করে প্রতিফলিত হয়েছিলো।
তুমি শুধু 'বিশ্বাস' করেছিলে তুমি পারবে
সেজন্যেই তুমি পেরেছিলে।
কারণ, তখন তুমি ছিলে এমন একজন
যার ছিলো সৃজনশীল আত্মবিশ্বাস।

অথচ যখন তুমি বড় হলে...
সব কিছুতেই কেন যেন এতো পরিবর্তন এলো!

এরপরেই কোন একদিন তোমার মাথায় এলো
চমৎকার সেই আইডিয়াটি,
যার সফল প্রয়োগ কত বন্ধুকেই না খুশি করতে পারতো,
কতজনকেই না দিতে পারতো একটু আশা!
যা আমাদের জাতিকে করতে পারতো গর্বিত।

শুধু তা-ই নয়
আমাদের দেশের উন্নয়ন যাত্রায় তোমার সেই আইডিয়া-টি দেখাতে পারতো আলোকবর্তিকা
সারা বিশ্ব হতে পারতো আরো শান্তিময়।

কিন্তু, সেই তুমিই উঠে বললে

''আমি ঠিক নিশ্চিৎ নই....!!!''

'তুমি এখনও আগের মতই সৃজনশীল,
কিন্তু তাতে আজ সন্দেহের কালো ধোঁয়া।'

এর ঠিক তিন মাস পর, একুশে বইমেলায়,
তুমি শুনতে পেলে,
কোন একজন ব্লগার তোমার মত একই রকম আইডিয়া নিয়ে সামনে এগিয়ে এসে ছিলো

কোন জিনিসটা তাকে তোমা হতে আলাদা করে চেনালো?
সেটি কি তার কর্ম নয়?
সে তার আইডিয়াকে বাস্তবে পরিণত করে দেখিয়েছিলো বলেই না হতে পেরেছিলো সফল।
আর তা তাকে এনে দিয়েছিলো বছরের 'সবচেয়ে প্রতিশ্রুতিময় সৃজনশীল তরুণ লেখক'-এর পুরস্কারটি।
তার কাজ-ই তাকে এই স্বীকৃতি এনে দিয়েছিলো।

এরপরে তুমি তা দেখে ভাবতে শুরু করলে
''আহা, কি হতো আমি যদি আমার আইডিয়াটি নিয়ে তখন থেকেই কাজ শুরু করতাম!''
চিন্তা করে দেখো যখন তুমি সেই ছোট্ট খোকাটি ছিলে
এই আইডিয়াটি যদি তখনতোমার কাছে আসতো
কি করতে তুমি তখন?

সাথে সাথেই কি তা কাজে পরিণত করতে ঝাপিয়ে পড়তে না?
ছোটবেলার সেই সময়টার দিকে দৃষ্টি দিলে
মনে করে দেখো তো,
কি এমন ছিলো তোমার কাছে?
'আসলে, নিজের উপর তখন ছিলো প্রবল আত্মবিশ্বাস!'

এখনো সময় ফুরিয়ে যায়নি
তোমার শুধু একটি আইডিয়া দরকার
আর সাথে দরকার তা কাজে পরিণত করার আত্মবিশ্বাস।
তুমি এখনও পারো......শুধু দরকার নিজের উপর একটু আস্থা।

তোমার শুধু একথাই মনে রাখতে হবে
সৃজনশীলতা শুরু হয় নিজের উপর বিশ্বাস থেকে।

[কোন এক বন্ধু বলেছিলো, সে কোন লেখক/লেখিকা নয়। তখন মনে পড়লো আমার এই অনুবাদের কথা।]

৭) হাও উই কেন ডাই বিফোর ডাইং

"আমি কি আমার জীবন পরিবর্তন করতে প্রস্তুত, আমি কি নিজেকে পরিবর্তন করতে রাজি?"[/sb]- এগুলো এমন ধরণের প্রশ্ন যা জীবনের যে কোন মুহুর্তে করা যায়। আমাদের যত বয়সই হোক, যে কোন পরিস্থিতি'র মধ্য দিয়ে আমরা যা-ই না কেন, সব কিছু আবার নতুন করে শুরু করা সম্ভব। আমাদের প্রতিটি দিন যদি আগের গত হওয়া দিনের মত একই থাকে, তা জীবনে দুর্গতি বয়ে নিয়ে আসে। ভেবে দেখুন তো, প্রতিটি দিন আপনার একই রকম কাটছে, একই খাদ্য গলাধঃকরণ করতে হচ্ছে, জীবনটা একঘেয়েমীতে পূর্ণ হয়ে উঠবে না? তা তো হয়ে উঠবেই। আর বৈচিত্র্যহীন জীবন কে বা কাটাতে চায়!
আমাদের প্রত্যেকটি নিঃশ্বাস নতুন করে বেঁচে উঠার আশ্বাস দেয়, দেয় জীবনকে সামনে বয়ে নিয়ে যাওয়ার প্রতিজ্ঞা। কিন্তু, এই পুনর্জন্ম পেতে হলে, আসল মৃত্যু আসার আগেই, আমাদের মরতে শিখতে হবে। নিজেকে প্রশ্ন করে দেখুন তো একবার, তা কিভাবে হতে পারে?

১ম কৌশলঃ নিজের হৃদয়কে পরিবর্তন করুন
এই পৃথিবী একটি পর্বতের মতো। জীবনের কোলে দাঁড়িয়ে আপনি যে শব্দ করবেন, পৃথিবী আপনাকে তা-ই ফিরিয়ে দেবে। আপনি যদি ভালো কোন কিছু চিৎকার করেন, ঠিক ঐ জিনিসটাই আপনার কাছে প্রতিধ্বনিত হয়ে ফিরে আসবে। আর যদি কোন খারাপ কিছু করেন? ফলাফল ঐ একই, অর্থাৎ, খারাপটাই আপনার কাছে ফিরে এসে চলার পথে দেয়াল হয়ে দাঁড়াবে। তাই, এমনকি কেউ যদি আপনার প্রতি খারাপ ব্যবহারও করে, তার প্রতি ভালো ব্যবহার করুন, তার সম্পর্কে ভালো কথা বলুন। পুরো পৃথিবীকে পরিবর্তন করতে আগে নিজের হৃদয়কে পরিবর্তন করুন।

একটি ঘটনাঃ কোন এক দেশে সাঙ্ঘাতিক সাহসী এক ছেলে ছিলো। পুরো পৃথিবী জুড়ে চলতে থাকা শত অন্যায় অবিচারকে পাল্টে দিতে 'চোখের বদলে চোখ' নীতিতে বিশ্বাসী এক রাজনৈতিক দলে যোগদান করে সে। কিছু দিনের মাঝে সেও একই মতাদর্শে বিশ্বাসী হয়ে উঠে। ফলাফল? অন্যের ঝগড়া থামাবে কি, নিজেই ঝগড়ার কেন্দ্রবিন্দুতে পরিণত হয়ে বসে। অন্যায়কে অন্যায় দিয়ে প্রতিহত করতে করতে পৃথিবীর যাবতীয় অন্যায়গুলো তার নিজের মধ্যেই জুড়ে বসে। একসময় পৃথিবীকে বদলাতে চাওয়া ছেলেটি নিজেই অন্যায়কারীতে বদলে যায়।

২য় কৌশলঃ হৃদয়কে ভালোবাসায় পরিপূর্ণ করুন
ভালোবাসাহীন জীবন একটি অপচয়মাত্র। জীবনকে তাই ভালোবাসায় পূর্ণ করে তুলুন। সে নিজের জন্যেই হোক কি অপরের জন্যে, ভালোবাসা প্রকাশ করুন। এখানে মনে রাখার চেষ্টা রাখতে হবে- ভালোবাসার কোন রকমফের নেই। তাই, 'আমি কি আধ্যাত্মিক ভালোবাসার খোঁজ করবো, নাকি বস্তুগত বা দেহের ভালোবাসাই হবে সুখ অন্বেষণের উপায়?'- এমন কোন প্রশ্ন করে নিজেকে বিভ্রান্ত করবেন না। বৈষম্য জীবনে আরেকটি বৈষম্যের জন্ম দেয়। ভালোবাসার কোন নাম, শ্রেণীবিভাগ কিংবা সংজ্ঞার প্রয়োজন নেই। কারন, ভালোবাসা

নিজেই একটি বিশ্ব। হয় আপনি এর একদম মধ্যিখানে আছেন, অথবা পুরোই বাইরে...শত ক্রোশ দূরে লোভ-লালসায় পরিপূর্ণ এক সত্ত্বা।

একটি ঘটনাঃ সেই ছেলে পড়ালেখা করতে বিদেশে এসেছে। জীবনের কোন এক পরিক্রমায়, তার সাথে একটি মেয়ের বিয়ে ঠিক হয়। পাত্রী দেশে থাকে। বিয়ের আগে টেলিফোনে তাদের আলাপ হতো। ছেলে বা মেয়ে কেউই একে-অপরকে দেখেনি।কোন একদিন ছেলেটি ঐ মেয়ের একটি ছবি দেখতে পায়। কি অপুর্ব তার হবু-স্ত্রী! সেদিন থেকে সে মেয়েটির প্রেমে হাবু-ডুবু খেতে থাকে। কয়েকদিন পর জানতে পারে, মেয়েটি শুধু সুন্দরীই নয়, ভালো বংশের মেয়ে, হবু-শ্বশুরের টাকা পয়সাও কম নয়। ছেলেটি এবারে আরো অনুরক্ত হয়ে পড়ে।

এর কয়েকদিন পর, ছেলেটি আরেকটি সুন্দরী মেয়েকে দেখতে পায় যে তার হবু-স্ত্রী'র চেয়েও বেশি সুন্দরী আর অবস্থা-সম্পন্ন ঘরের। এবারে সে একটু দ্বিধায় পড়ে যায়। কোন এক দুর্যোগপূর্ণ রাতে, তার হবু-স্ত্রী ব্যাপারটা টের পেয়ে গেলো। মেয়েটি নীরবে নিজেকে ছেলেটি থেকে দূরে সরিয়ে নিয়ে যায়। অন্যদিকে, নতুন পরিচয় হওয়া মেয়েটি ছেলেটিকে ফাঁকি দিয়ে অন্য কাউকে মন দিয়ে দেয়।

৩য় কৌশলঃ ভালোবাসাকে মন দ্বারা নিয়ন্ত্রিত হতে দিবেন না

মন আর ভালোবাসা ভিন্ন ধাতুতে তৈরী, তাই কাজও ভিন্ন। মনের রসায়ন প্রেমের রসায়ন থেকে ভিন্ন। মন সর্বদা সতর্ক, সন্দেহে পরিপূর্ণ হয়ে পায়ে পায়ে সামনের দিকে অগ্রসর হয়। সে সব সময় উপদেশ দিয়ে চলে- 'সাবধানে থাকো, নিজেকে রক্ষা করো'। অন্যদিকে, হৃদয় বলে- 'স্বাধীনভাবে সামনে এগিয়ে যাও।' মন দৃঢ়, কখনো নিচে পড়ে যায় না। আর, হৃদয় থেকে আসা ভালোবাসা? নিজেই নিজেকে আঘাত করে, সর্বনাশ করে ধ্বংসস্তুপে পরিণত করে। কিন্তু, ধ্বংসস্তুপের নিচেই কি বেশিরভাগ সময় গুপ্তধন পাওয়া যায় না? একটি ভাঙ্গা হৃদয়ে কত ধনই না লুকিয়ে থাকে!

একটি ঘটনাঃ বিদেশে পড়তে যাওয়া সেই ছেলেটি নিজের ভুল বুঝতে পেরে হবু-স্ত্রী'র কাছে ক্ষমা চায়। কিন্তু, তখন অনেক দেরী হয়ে গিয়েছে। ইতিমধ্যে, মেয়েটির সাথে অন্য আরেকজনের বিয়ে ঠিক করে ফেলেছে তার বাবা। কোন এক শুভ দিনে, বিয়েও হয়ে যায়। ছেলেটি বুঝতে পারে, আসলে সে এই মেয়েটিকেই ভালোবেসেছিলো। পরের মেয়েটি এক মরীচিকা ছাড়া কিছুই ছিলো না। ছেলেটি'র মন ভেঙ্গে যায়। জীবনের সকল কোলাহল থেকে নিজেকে সরিয়ে নিয়ে ঘরকুনে হয়ে পড়ে।

ছেলেটি খুব লিখতে পারতো। একদিন সেই কলমই হয়ে উঠে তার হৃদয়ের হাতিয়ার। সে হাতিয়ার দিয়ে নিজের সেই হৃদয়কে সাথে নিয়ে শত ভাঙ্গা হৃদয়কে নতুন করে গড়ে তোলার গুরু দায়িত্ব কাঁধে তুলে নেয়।

৮) শাইয়্যানের মনে যখন পরিবর্তন জরুরী

প্রিয় শাইয়্যান,
তুমি হয়তো শুনেছো, বিখ্যাত চিন্তাবীদ শেখ রুমী বলেছেন- [sb]'গতকাল আমি চালাক ছিলাম, তাই এই ধরাকে পরিবর্তন করতে চেয়েছি। আজ আমি বিজ্ঞ, তাই আমি নিজেকেই পরিবর্তন করছি।'[/sb]
সমাজকে পরিবর্তন করতে চান অনেকেই। কারণ, সমাজের দোষ খুঁজে পাওয়া খুব সহজ। সদা পরিবর্তনশীল আর বিভেদে ভরপুর মনের মানব সমাজই তো এই সমাজের সৃষ্টি করেছে। নিজের মাঝেই যখন এতো দোষ, তখন তার হাতে তৈরী জিনিসে গলদ থাকবেই তো!

কিন্তু, প্রশ্ন হচ্ছে, ভুলে ভরপুর এই সমাজ পরিবর্তনের কথা ভাবার আগে নিজের মাঝে যে ভুল-ক্রটি আছে, সেগুলোর কথা সবাই একবার মনে করে দেখে কি? কোনটি বেশি প্রয়োজন- নিজেকে পরিবর্তন করা নাকি সমাজকে? কোনটি আগে হওয়া উচিৎ?

আরেক ভাবে প্রশ্ন করলে বোধকরি চিন্তা করতে সুবিধা হবে। সমাজ পরিবর্তন হলে কি আমরা পরিবর্তন হয়ে যাব নাকি নিজেদের মাঝের ছোট-বড় পরিবর্তন সমাজকেও বদলাতে সাহায্য করবে? সমাজের সবচেয়ে ক্ষুদ্র একক হিসেবে আমাদের এই ব্যক্তি সত্ত্বার পরিবর্তন বৃহৎ সমাজে কতটুকু পরিবর্তন আনতে পারে?

আরেকটু গভীরে যাই। যদি নিজের মাঝে কোন কিছু পরিবর্তন করতেই হয়, সেটা কি হবে? তার কতটুকুইবা পরিবর্তন করতে হবে? সেই পরিবর্তনের মাত্রা কতটুকু হলে সমাজকে পরিবর্তীত হতে সাহায্য করবে?

এটা কি এভাবে হবে- আমি নিজেকে পরিবর্তনের পর আমার আশ-পাশে মানুষ আমাকে দেখে প্রভাবিত হয়ে পরিবর্তিত হয়ে যাবে, তাঁদের দেখে তাঁদের আশ-পাশের মানুষ, এভাবে গোটা পরিবার পরিবর্তিত হয়ে যাবে? সেটা দেখে আশ-পাশের পরিবারগুলো? এভাবে পরিবারের গণ্ডি পার হয়ে পরিবর্তন পুরো সমাজে ছড়িয়ে পড়বে?

শেখ রুমী বলেছেন- [sb]'আজ আমি বিজ্ঞ, তাই আমি নিজেকেই পরিবর্তন করছি।'[/sb] নিজেকে পরিবর্তনের জন্যে বিজ্ঞ হওয়া জরুরী। বিজ্ঞ হওয়ার উপাদানগুলো কি কি?

শাইয়্যান,
আমি জানি, তুমি সেই বিজ্ঞ হওয়ার পথ খুঁজছো। সেই বিজ্ঞ মানুষ যার যার স্পর্শে তোমার পরিবার-পরিজন,, আত্মীয়স্বজন, বন্ধু-বান্ধব এবং আশ-পাশের সমাজ বদলে যাবে। আর, সেই সমাজের স্পর্শে গোটা পৃথিবী পরিবর্তিত হয়ে একটি সুখী-সমৃদ্ধ, বিভেদবিহীন, সাম্যবাদী ধরায় পরিণত হবে।

সেই দিনটি তোমার জীবনে কবে আসবে?

৯) একজন জ্ঞানী ব্যক্তি একটি পুরো গোষ্ঠী'র চেয়ে বেশি মূল্যবান

যারা জ্ঞানী আর যারা জ্ঞানহীন, তারা কি সমান হতে পারে? জ্ঞানীদের মর্যাদা কতই না উচ্চে! জ্ঞানের মর্যাদা এতোই অসামান্য যে তা অমর্যাদাকর স্থানে অবস্থা্নকারীদেরও রাজা-বাদশাহদের স্থানে বসিয়ে দিতে পারে। প্রকৃত জ্ঞানী ব্যক্তি মানুষের প্রয়োজন মেটাতে সচেষ্ট হয় বলে সমাজের সকল স্তরের মানুষও তাদের দ্বারস্থ হয়, তাঁদের দেওয়া উপদেশ শিরোধার্য করে। জ্ঞানী মানুষেরা এতোটা সম্মানের অধিকারী এবং তাঁদের জ্ঞান এতোটাই প্রয়োজনীয় যে, পুরো একটি গোষ্ঠীর মৃত্যু একজন জ্ঞানীর মৃত্যুর চেয়ে কম ক্ষতিকর। তাই তো জ্ঞানীদের কলমের কালির সাথে শহীদের রক্তের তুলনা করা হয়েছে। শেষ বিচারের দিন জ্ঞানীরা শহীদদের অগ্রে স্থান পাবেন।

যারা জ্ঞানী তাঁদেরকে স্বয়ং সৃষ্টিকর্তাও পছন্দ করেন। জ্ঞানী সেই দুই শ্রেণীর মানুষের মাঝে একজন যিনি বিপথে গেলে সাধারণ মানুষও বিপথে চলে যায়। তাই তো, জ্ঞানীদের জ্ঞান এতোটাই মূল্যবান। তাঁদের মূল্য এতোটাই বেশি যে এমনকি তাঁরা প্রার্থনাকারীদের চেয়েও উপরের স্তরের মানুষ। কারণ, জ্ঞান ছাড়া প্রার্থনা গ্রহণযোগ্যতা পায় না।

জ্ঞানী তুমি প্রার্থনার, স্বরূপ যদি বুঝো,
আবেদের মাঝে, সকাল সাঝে
সমাধান কেন খুঁজো?

জ্ঞানী ব্যক্তিদের সাথে সম্পর্ক রাখা সাধারণ মানুষের জন্যে খুবই জরুরী। তা শুধু তাঁদের জ্ঞানের আলো থেকে উপকৃত হবার জন্যে নয়। এর আসল কারণ, জ্ঞানী ব্যক্তিরা শেষ বিচারের দিন সৃষ্টিকর্তার কাছে সুপারিশ করার ক্ষমতা পাবেন।

নিজের জ্ঞানের ক্ষমতা বলেই একজন জ্ঞানী সমগ্র মানবজাতির শত্রু শয়তানকে পরাভূত করার ব্যাপারে হাজার প্রার্থনাকারীর চেয়ে বেশি ক্ষমতাবান। শুধু তা-ই নয়, ইতিহাস খুঁজলে দেখা যায়, নিজের জ্ঞানের চাদরে সওয়ার হয়ে একজন জ্ঞানী ব্যক্তি বাদশাহদেরও শাসক হয়ে যেতে সক্ষম হোন। আগের কালে এমন একটা সময় গিয়েছে যখন জ্ঞানীর সংখ্যা বেশি ছিলো এবং বক্তার সংখ্যা কম ছিলো। অথচ,আজ আমাদের এমন একটা সময় যাচ্ছে যখন জ্ঞানীদের চেয়ে বক্তার সংখ্যা বেশি[/sb]। তাই তো, প্রকৃত জ্ঞানীরা সব সময়ই কম কথায় আগ্রহী।

যে জ্ঞান সর্বাপেক্ষা উত্তমঃ
জ্ঞানীর প্রকৃত সম্মান পেতে এটা জানা খুব জরুরী যে কি ধরণের জ্ঞান মানুষকে সেই উচ্চ মর্যাদায় আসীন করে। কি সেই জ্ঞান যা আহরণ করলে আমরা শহীদদের চেয়েও উচ্চ আসনে আসীন হতে পারবো?

সে জ্ঞান হচ্ছে এমন জ্ঞান যা আমাদের সৃষ্টিকর্তার স্বরূপ সম্পর্কে জ্ঞাত করে, সৃষ্টিকর্তা'কে আমাদের কাছে এনে দেয়।

এ জ্ঞান কি সবার জন্যে?:
একমাত্র জ্ঞানী মাত্রই জানেন, সবার জন্যে সব জ্ঞান নয়। যারা যোগ্য নয়, তাদেরকে সেই জ্ঞানের কথা শোনানোর ব্যাপারে মানা আছে। যে ব্যক্তি অযোগ্যদের জ্ঞানের কথা বলে, সে মূর্খ। যার যে জ্ঞান শোনার বা বুঝার ক্ষমতা নেই, তাকে সে জ্ঞান দেওয়া সেই লোকের জন্যে বিপদ ডেকে আনারই নামান্তর। পক্ষান্তরে, যারা যোগ্য, তাঁদের কাছ থাকে জ্ঞান লুকিয়ে রাখা অন্যায়।

সেজন্যে, জ্ঞান বিতরণের আগে শ্রোতার যোগ্যতা নিরূপণ করা খুব জরুরী।

[ইমাম গাজ্জালী (রহঃ)-এর এহইয়াউ উলুমিদ্দীন অবলম্বনে]

১০) আদরের শহরে স্বাগতম, হে বন্ধু

স্বাগতম সে দেশে, যে দেশে স্বপ্নরা বেঁচে উঠে।
স্বাগতম হে পথিক, যদি তুমি সে দেশে ফিরে আসতে চাও।
কিন্তু, সেজন্যে তোমাকে আমায় নিজের জীবন কাহিনী শুনাতে হবে। শোনাও না সে গল্প আশা আর গৌরবের এ ভূমিতে!

পথিক বলেঃ তবে শোনো-
এই কৃত্রিম শহরের জীবনটা বড়ই সুন্দর!
এখানে মেয়েগুলো খুবই সুন্দরী আর ছেলেগুলোও বেশ স্মার্ট। আমরা সবাই-ই তাদের মাঝে ভালোবাসা খুঁজে ফিরি। আশায় থাকি, তারা হয়তো আমাদের তাদের বাড়িতে নিয়ে যাবে। এই আদরের শহরে আমরা সবাই তাদেরকে নিজের করে পেতে চাই ।

আহা, কি চমৎকারই না এই নগরটি!
এখানে, রকমারি পণ্যের বিলবোর্ডগুলো এমন অনেক কিছু বেঁচে চলেছে যা আমি কিনতে চাই না। তখন আমাকে আগ্রহী করে তুলতে তাদেরকে হাড় জিরজিরে কোন রানের মাংস দেখাতে হয়।
এই শহরে সবাই তোমরা আমার সম্পদ কেড়ে নেওয়ার জন্যে পিছু ছুটো। কিন্তু, হয়তো জানো না, আমি ইতিমধ্যে সাধ্যের বাইরে খরচ করে ফেলেছি। তাইতো আমি এই আদরের শহরে নিজেদের ক্ষমতার বাইরে ধার দিয়ে চলা ব্যাংকগুলো থেকে ভিক্ষা নিই, চুরি করি আর ঋণ নিয়ে জীবন পার করি।

এসব শুনে শ্রোতা বলেঃ
তারপরও তোমাকে স্বাগত জানাই এই শহরে যেখানে স্বপ্নরা সত্যি হয়। তোমার কাছে কোন স্বপ্ন আছে কি যা আমি ধার করতে পারি, ও আমার আদুরে বন্ধু?

পথিক এবারে বলেঃ
আমাকে ভুল বুঝো না, হে প্রিয়। আমি জীবনকে অবহেলা করছি না। আমি এই বাসে বসে যা ভাবি, তা আমায় চিন্তায় ফেলে দিয়েছে।
এ যেমন এখন ভাবছি সামনের সিটে বসা মেয়েটিকে এ প্রশ্ন করবো-
'তুমি কি এই সুন্দর শহরে পথচলা কারো প্রেমিকা নাকি সহধর্মিনী?'

কি আদরেরই না এই শহর!
তুমি কি বয়ে চলেছ কোন স্বপ্নের বহর?
দিবে কি ধার আমায় সেই নহর?
ও আমার আদরের শহর,
তোমার জন্যে আমি যুগের পর যুগ অপেক্ষা করে চলেছি।

১১) লক্ষ্যে থাকুন অটল, দুঃখে না হয়ে অচল

উইলমা রুডলফ-এর কথা মনে আছে? ঐ যে যিনি প্রথম আমেরিকান নারী স্প্রিন্টার হিসেবে এক অলিম্পিকে তিনটি সোনা জয় করেন। অথচ এক সময় দৌড়া তো দূরে থাক, হাঁটাই অসম্ভব হয়ে পড়েছিলো তার। আমেরিকার টেনেসি'র এক গরীব পরিবারে জন্মগ্রহণ করা এই নারী মাত্র চার বছর বয়সে নিউমোনিয়া, কালাজ্বর আর পোলিও রোগে আক্রান্ত হোন। ডাক্তার দেখে স্রেফ বলে দিয়েছিলেন যে উইলমা আর কখনোই হাঁটতে পারবেন না।

উইলমা খুবই ভেঙ্গে পড়েছিলেন। যেখানে একজন দৌড়বিদ হওয়ার স্বপ্ন, সেখানে কি না খবর এলো একদম হাঁটতেই পারবেন না! কিন্তু, মা অভয় দিলেন, মনে শক্তি রাখতে বললেন। মা-কে পাশে পেয়ে একদিন দূরে ছুড়ে ফেলে দিলেন ডাক্তারের দেওয়া সকল বিধি-নিষেধ। উঠে দাঁড়ালেন দাঁতে-দাঁত চেপে। এরপর?

এরপর প্রস্তুত হতে থাকেন ইতিহাস গড়ার জন্যে। তেরো বছর বয়সে প্রথম প্রতিযোগিতামূলক কোন টুর্নামেন্টে অংশগ্রহণ করেন। প্রথম হওয়া প্রতিযোগী'র চেয়ে অনেক পিছে থেকে দৌড় শেষ করতে হয় তাকে। হাল ছাড়েননি যতদিন না কোন দৌড় প্রতিযোগিতায় প্রথম স্থান অধিকার করেন।

আর, এভাবেই সফল মানুষেরা নিজেদের পথ করে নেন। দরকার পড়লে সহায়তা নেন অন্যের। কিন্তু, নিজেদের লক্ষ্য থেকে একচুল এদিক-ওদিক হোন না। আর, এজন্যে দরকার দুর্নিবার আকাংখা। সাফল্য লাভের তীব্র পিপাসা।

১২) হেলিকপ্টারে চড়ে বঙ্গমানব হিমালয় জয়ে চললো

ভোর বেজে পাঁচটা। পূর্বাকাশে ভোরের লালিমা রেখা পর্বতশৃঙ্গের ধবধবে সাদা বরফে মিশে গিয়ে এক মায়াবী আলো-আধাঁরী'র ভূবন মনে এক অধরা শিরশিরে অনুভূতি'র সৃষ্টি করে। এরই মাঝে হেলিকপ্টারের ককপিটের স্বচ্ছ কাঁচ ভেদ করে চোখের সামনে ভেসে উঠে এভারেস্ট সামিট ক্যাম্পের আবছায়া প্রান্তরটি। বরফের চাদরে মুড়ে পর্বতের গায়ে পড়ে থাকা কোটি মানুষের ঈপ্সিত এ ভূমিটির দিকে তাকালে কেন যেন প্রাচীণ কোন প্রার্থনাগারের কথা মনে পরে যায়। এটাই তো সেই জায়গা যা এতো বছর ধরে লাখো-কোটি মানুষের মনে কোন কিছু জয় করার দূর্নিবার আকাঙ্খা জাগিয়ে চলেছে প্রতিক্ষণ, এটাই তো সে আগুন যেখানে কিনা জেনে-শুনে ফিনিক্স পাখির মত আত্মাহূতি দিতে জীবন বাজি রেখে প্রতি বছর সারা বিশ্ব থেকে ছুটে আসে হাজারো তরুণ-প্রবীণ মানুষের দল। রোটরের ঘূর্ণনে তুষারে নীচে ঝড় তোলা বায়ুর দিকে তাকিয়ে এতোক্ষণ সাতপাশ এসবই ভাবছিলো বাংলাদেশ থেকে আসা আগুন্তকটি। হেলিকপ্টার ইতিমাঝে পৌছে গিয়েছে ক্যাম্প এলাকায়। ভূমি থেকে মাত্র পাঁচ ফুট উপরে যান্ত্রিক ফড়িংটিকে নামিয়ে এনে পাইলট তাকায় আরোহী'র দিকে। চোখে সম্মতি'র দৃষ্টি। আর দেরী করে না তরুণটি, এক হাতে বাংলাদেশের লাল-সবুজ পতাকাটি বুকের মাঝে আগলে ধরে দরজা খুলেই নীচে ঝাপ মারে ইতিহাসের সোনালী প্রান্তরে....

একটু কি নাটকিয় হয়ে গেলো ভূমিকাটি? অনেকে হয়তো ভেবে বসেছেন এটা কোন ফিকশন বা এডভেঞ্চার গল্প কিনা। আসলে তা নয়। নিজে হয়তো কখনো যাইনি, এমনকি কোন এভারেস্ট বিজয়ীর সাথেও এ নিয়ে কথা হয়নি। কিন্তু এভারেস্ট বিজয়ে যারা জীবন বাজি রেখে ধেয়ে গিয়েছেন, শৃঙ্গে উঠার ঠিক আগের মুহূর্তে তাদের মনের অবস্থা কি রকম হতে পারে, সেইটা কল্পনা করতে দোষ কোথায়! ছোটবেলা থেকেই আমার মত হয়ত অনেকেরই ইচ্ছে ছিলো এভারেস্টের বুকে নিজ দেশের পতাকা উড়াবার। কিন্তু, সেই সাধ তার অস্তিত্বের সীমানা পেরিয়ে বাস্তব ভূবনে বেরিয়ে আসতে আসতে ইতিমধ্যেই চার-চারজন বাংলাদেশী বঙ্গমানব-মানবী সেখানে পৌছে গিয়েছেন। যতদূর খবর পেয়েছি, আরো অনকেই প্রস্তুত হচ্ছেন।

কিন্তু, কথা হচ্ছে, একই জায়গায় একই দিক দিয়ে বারবার যাওয়ার ফায়দাটা কোথায়? বিশেষ করে যেখানে অন্য পথও রয়েছে! হতে পারে ব্যক্তিগত খায়েশ পূরণ। কিন্তু, তার মাঝে নতুনত্ব আনতে বাঁধাটা কোথায়? জল, স্থল ও অন্তরীক্ষ- মর্তে তো এ তিনটি মাধ্যম। স্থল দিয়ে এভারেস্ট জয় করা হয়ে গিয়েছে ইতিমধ্যে। বাকি দুই মাধ্যমের মধ্যে জল পথে এভারেস্ট শৃঙ্গে যাওয়া সম্ভব নয়। বলাই বাহুল্য, এভারেস্ট শৃঙ্গ আকাশে। তাই, জল মাধ্যম বাদ। বাকি থাকলো, আকাশ পথ। এই দিক দিয়ে কি এভারেস্ট জয় সম্ভব? আর, এ ভাবনা থেকেই ইন্টারনেটে একটু খোঁজ করতেই বেরিয়ে পড়লো উত্তর। সম্ভব! খুবই সম্ভব!

হেলিকপ্টারে চড়ে প্রথম এভারেস্ট জয়ী'র কাহিনী:
২০০৫ সালের ১৪ মে। আমার উপরের গল্পের মতই তখন সবে সকাল হয়েছে। তবে, তখন স্থানীয় সময়ানুযায়ী ঘড়ির কাটায় ৭টা বেজে ০৮। ঠিক এসময়ে Eurocopter কোম্পানীর তৈরী Ecureuil/AStar AS350 B3 মডেলের হেলিকপ্টারটি ২৯,০৩৫ ফুট উচ্চে অবস্থিত এভারেস্ট শৃঙ্গের বরফ উপত্যকায় নেমে আসে যান্ত্রিক

গর্জন তুলে। বাতাসে'র টাল-মাটাল অবস্থার মাঝে যান্ত্রিক ফড়িংটিকে সেই অসাধ্য সাধন করান টেস্ট-পাইলট দিদিয়ের দেলসালে (Didier Delsalle)। সেই সাথে ইতিহাসের সোনালী পাতায় এই ফরাসী লোকটির নাম ঢুকে যায় হেলিকপ্টারে চড়ে এভারেস্ট জয়ী পৃথিবী'র প্রথম মানব হিসেবে। একই সাথে আরেকটি ইতিহাসও গড়েন এই সাহসী মানুষটি। মাটি হতে সর্বোচ্চ অলটিচিউডের কোন ভুমিতে কোন আকাশযানের নামার সেইটা ছিলো একটি বিশ্ব রেকর্ড। এটি আর কেউ কখনো ভাঙ্গতে পারবে না, কারণ, পৃথিবীতে এরচেয়ে উঁচু আর কোন ভুমিই নেই। তবে যদি এমন হয় যে, এভারেস্টের উচ্চতা কয়েক ফুট/ইঞ্চি বেড়ে গেলো, তখন অবশ্য আবারো একটি সম্ভাবনা দেখা দিবে নতুন একটি বিশ্বরেকর্ড গড়ার। কিন্তু, এই এভারেস্ট বিজয়ে স্যার এডমন্ড হিলারী আর তেনজিং নরগে-এর নামের মত দিদিয়ের দেলসালে'র নামও কখনও ভুলে যাবার নয়!

দিদিয়েরের এই কর্মটি স্থলপথে'র এভারেস্টের অভিযাত্রীদের চেয়ে কিন্তু কোনক্রমেই কম নয়। কারণ, ঐ উচ্চতায় বাতাসের গতিবেগ কত জানলে যে কারো পিলে চমকে উঠার কথা। ঘন্টায় ২৯৯ কি,মি, (১৮৬ মাইল)! আমাদের দেশের প্রলয়ঙ্করী সাইক্লোন সিডরের বাতাসের গতিবেগ কত ছিলো জানেন? মাত্র ২৬০ কি,মি, (১৬০মাইল)/ঘন্টা! এভারেস্ট শৃঙ্গের সাথে তুলনা দিতে গেলে মাত্রই তো! বাতাসের এহেন সাইক্লোনসম গতিবেগের মাঝে একটি এক ইঞ্জিন বিশিষ্ট হাল্কা ওজনের ঐ হেলিকপ্টারটি নিয়ে নামার চেষ্টা করতে অসম সাহস লাগে। আর, এর আগের ১০ বছর সার্চ ও রেস্কু তথা উদ্ধার অভিযানে হেলিকপ্টার চালিয়ে অনেক মানুষের জীবন বাঁচানো এ লোকটি কিন্তু নিজের অসম সাহসের আরেকটি পরিচয় দেন এভারেস্টের শৃঙ্গে যান্ত্রিক ফড়িংটি নামিয়ে। শুধু কি তাই? পরের দিন (১৫ মে, ২০০৫) আবারো তিনি ফিরে আসেন একই জায়গায় শুধু এইটি প্রমাণ করতে যে প্রথম বারের ল্যান্ডিংটি শুধু ভাগ্যের জোরে কোন কাকতালীয় ব্যাপার ছিলো না। দ্বিতীয় বারে ৪৮ বছর বয়সী এই পাইলটটি হেলিকপ্টার নামানোর পর সেখানে অবস্থান করেন চার মিনিট। প্রথম বারে অবশ্য এভারেস্ট শৃঙ্গে নেমে তিনি ৩ মিনিট ৫০ সেকেন্ড ছিলেন। এখানে উল্লেখ্য যে, আন্তর্জাতিক এরোনটিক ফেডারেশন (Federation Internationale Aéronautique)-এর নিয়মানুযায়ী কোন টেক-অফের অফিসিয়াল স্বীকৃতি পেতে হলে যেকোন উড়ন্তযানকে মাটিতে নামার পর কমপক্ষে দুই মিনিট অবস্থান করা লাগে।

ঢেঁকি স্বর্গে গেলেও ধান ভাঙ্গে:

আগেই একবার বলা হয়েছে যে, দিদিয়ের ছিলেন একজন উদ্ধার অভিযানের পাইলট। আর, এভারেস্ট জয়ে গিয়েছিলেন Eurocopter কোম্পানীর তৈরী ঐ মডেলের হেলিকপ্টারটি কতটা মজবুত তা প্রমাণ করতে। মজার ব্যাপার হচ্ছে, সেইখানে গিয়েও তিনি একজন উদ্ধারকারী হিসেবে আবির্ভুত হোন। সেই সময়ে জাপানের দুই পর্বতারোহী গিয়েছিলেন এভারেস্ট জয় করতে। কিন্তু, বিধি বাম। আটকা পড়েন ১৬০০০ ফুট উচ্চতায়। খবর পেয়ে দিদিয়ের সেইখান থেকে তাদের উদ্ধার করেন হেলিকপ্টারে উড়িয়ে।

যেভাবে করে হেলিকপ্টারের করে এভারেস্ট যাওয়া যাবে:

আমার মত অনেকেরই হয়তো এভারেস্টে চড়ার সাধ এখনো রয়ে গেছে। কিন্তু, সাধ আর সাধ্য তো একসাথে হয়না সব সময়। স্থলপথে এভারেস্ট যেতে অনেক খরচ। কয়েক বছর ধরে প্রস্তুতি নিয়ে এভারেস্ট যাত্রায় প্রায়

অর্ধ কোটি টাকা লেগে যায়। আর, খারাপ আবহাওয়ার কারণে মাঝপথে যাত্রা ভেস্তে যাওয়ার সম্ভাবনার কথা নাহয় বাদই রাখলাম। তাই, এতো ঝক্কি -ঝামেলা'র কি দরকার! পর্বতের উপর উঠতে পারা নিয়ে যখন এতো ঝামেলা, সেইখানে যে কোন উপায়ে উঠতে পারলেই তো হলো!

কয়েক বছর আগেও এভারেস্টে এক ঘন্টা হেলিকপ্টার দিয়ে ঘুরতে খরচ পড়তো সর্বোচ্চ ৬৫৪০ আমেরিকান ডলার, বাংলাদেশী টাকায় প্রায় পাঁচ লক্ষ টাকা। এখানে জানা প্রয়োজন, এভারেস্টে যাওয়ার সময় হচ্ছে দু'টি- (১) মার্চ-মে, (২) সেপ্টেম্বর-ডিসেম্বর। তবে, এসব ট্রাভেল কোম্পানীর হেলিকপ্টারে চড়ে আপনি সর্বোচ্চ ৬৫০০ মিটার পর্যন্ত উঠা যেতো। তবে, পরিবেশের প্রতিকূলতার জন্যে হেলিকপ্টার সার্ভিস বন্ধ হয়ে গিয়েছে, শুধু ৬ সিটের বিমানে করে এভারেস্টের কাছাকাছি যাওয়া যায়। খরচ পড়ে হাজার বিশেক টাকার মতো।

তাহলে কি হেলিকপ্টারে করে এভারেস্টে নামার আশায় গুড়ে বালি? আসলে সেটাই। দিদিয়েরের মত কোন পাইলটকে জোটাতে পারলেও এভারেস্টের সর্বোচ্চ শৃঙ্গে যেতে নেপাল সরকারের স্পেশাল পার্মিশনের দরকার হবে। ইতিহাসের পাতায় নাম লেখানোর জন্যে এই ঝক্কি পোহাতেই হবে! তবে, একবার পারমিশন জোগাড় করে এভারেস্টে নামতে পারলে তো কেল্লা ফতে,কেউ আপনার দিকে আর তীর্যক আঙ্গুল তুলতে পারবে না। কারণ, তখন আপনাকে ব্যাকিং দিবে আন্তর্জাতিক এরোনটিক ফেডারেশন হেলিকপ্টারের ফ্লাইট রেকর্ড চেক করে। ফলে, কারো কিছু বলার থাকবে না।

পরিশেষ:
এবার শুধু অপেক্ষার পালা। যান্ত্রিক ফড়িঙে চড়ে এভারেস্ট বিজয়ী বঙ্গমানব-মানবী হয়তো খুব তাড়াতাড়িই আমরা পেয়ে যাব। আর, তাদের কেউ একজন এই লেখা পড়ে আগ্রহী হয়ে থাকলে তো কেল্লা ফতে! সেই বঙ্গমানব-মানবী'র সাথে সাথে এই ব্লগারেরও থাকলো ইতিহাসের পাতায় ঢুকে যাওয়ার সম্ভাবনা! অবশ্য যদি উনারা আমার কথা তখন মনে করেন, শুধু তাহলেই! সেই আশাতেই বুক বেঁধে থাকলাম।

তথ্যসূত্র: ইন্টারনেটের বিভিন্ন ওয়েবসাইট ও উইকিপিডিয়া

১৩) সামনে দুর্গম গীরি, করো না তাই দেরী

শেখ রুমী বলেছেন, ''ক্ষত হলো সেই জায়গা, যা দিয়ে আলো তোমার ভিতর প্রবেশ করে।''
দুর্গম চলার পথে যদি বাধা না থাকতো, সেই বাধা ডিঙ্গানোর আনন্দ পাওয়া যেতো কি? এভারেস্ট জয়ের পথ এতো কণ্টকাকীর্ণ বলেই না, সর্বোচ্চ শৃঙ্গে উঠা মানুষদের এতো নাম-ডাক!

আমাদের এ ছোট্ট জীবন সকল সময় এক ভাবে যায় না। কখনো ভালো, আবার কখনোবা মন্দ, কখনো আনন্দের, আবার কোন সময় দুঃখের অভিজ্ঞতা'র সম্মুখীন হতে হয়। প্রতিটা অভিজ্ঞতাই এ জীবনে মূল্যবান। সুখ-দুঃখ, ভালো-মন্দের মিশেলে তৈরী এ জীবন প্রতিটা মুহূর্তে আমাদের নতুন কিছু শিক্ষা দেয়। যে যত বেশি সেই উপহারকে চলার পথে আপন করে নিতে পারে, সে তার জীবনকে তত সাফল্যমণ্ডিত করে তুলতে সক্ষম হয়।

দুঃখের পরেই সুখ আসে। মেঘের অপারে সূর্য একসময় না একসময় হাসবেই। জীবনে চলার পথে আনন্দ-বেদনার মাঝখানের সেই সময়টা পার করাটাই যত চ্যালেঞ্জিং। এখানে একটি প্রশ্ন করা যেতে পারে, কার আনন্দ বেশি- যে আগে দুঃখের দেখা পেয়ে তারপর সুখের সন্ধান পেয়েছে, নাকি যে আগে সুখ দেখে তারপর দুঃখের সম্মুখীন হয়েছে?

দু'জন মানুষ দুটি পথ ধরে চলেছেন। প্রথম জন চলতে চলতে সামনে দেখতে পেলো মনোমুগ্ধকর একটি উপত্যকা। গাছে গাছে রং-বেরঙের ফুল ফুটে আছে, ডালে পাখিরা বসে গান গাচ্ছে। কি স্বচ্ছ সে উপত্যকার ঝর্ণার পানি! সেইখানে সে কয়েকদিন কাটিয়ে দিলো। এরপর আবার চলা শুরু করলো। চলতে চলতে প্রথমেই তার সামনে পড়লো খাড়া একটি পাহাড়। সেই পাহাড় ডিঙানো ছাড়া সামনে যাবার আর কোন উপায় নেই। অগত্যা তাকে সেই খাড়া পাহাড় বেয়ে উপরে উঠতে হলো। গন্তব্যে তো যেতেই হবে।

ওদিকে দ্বিতীয় জন পথ চলা শুরু করার কিছুক্ষণ পরেই একটি খাড়া পাহাড়ের সন্ধান পেলো। তা ডিঙ্গানো ছাড়া সামনে যাবার আর পথ নেই। সে তা বেয়ে বহু কষ্টে উঠতে লাগলো। দিন যায়, সপ্তাহ পেরিয়ে মাস হয়ে গেলো, তবু যেন খাড়া পাহাড় বেয়ে উঠা যেন শেষ হতে যায় না। তবু, সে থামার পাত্র নয়। মানুষটি উপরে উঠতে উঠতে একসময় শৃঙ্গে উঠে এলো। ঘাম ঝাড়তে ঝাড়তে সে সামনে তাকালো। তার চোখের সামনে ভেসে উঠলো সেই নয়নাভিরাম উপত্যকা! সেই উপত্যকা পার হলেই তার ঠিকানা।
দু'টি মানুষের মাঝে কার বেশি আনন্দ হয়েছিলো?

১৪) শুভ বুদ্ধির টর্চ

আলো আর অন্ধকারের মাঝে পার্থক্য কোথায়? আলো একটি শক্তি, এটা আমরা সবাই জানি। প্রশ্ন হচ্ছে, অন্ধকারও কি একটি শক্তি? যদি তা-ই হবে, তাহলে অন্ধকারের উপর আলো ছুড়ে দিলে যেমন অন্ধকার দূরিভুত হয়, তেমনি আলো'র উপর অন্ধকার ছুড়ে দেওয়া যায় না কেন? আলোক রশ্মি ছুড়ে দেওয়ার জন্যে যেমন টর্চ লাইট আছে, তেমনি অন্ধকার ছুড়ে দেওয়ার জন্যে তেমন কোন জিনিস আছে কি? নেই।
একটি উদাহরণ দেই। রাতের বেলা পথ চলছেন আপনি। চারদিক ঘুটঘটে অন্ধকার। পকেটে থাকা টর্চ লাইট-টি জ্বালিয়ে অন্ধকারে ফেলার সাথে সাথে বেশ কয়েকটা পথ আলোকিত হয়ে উঠলো। কখনো লক্ষ্য করেছেন কি যতটুকু জায়গায় আলো ফেলা হয়, তার ঠিক আশে-পাশেই অন্ধকারের উপস্থিতি থাকে? থাকবেই তো। যেখানে আলো সেখানে অন্ধকার থাকে কি করে? প্রশ্নটা কি এভাবে দাঁড় করানো যায় যে--- আলোর অনুপস্থিতিই অন্ধকারের কারণ?

সেই আদ্দ্যিকাল থেকেই 'আলো' হচ্ছে শুভবুদ্ধির প্রতীক আর 'অন্ধকার' অশুভের। মানবসমাজে শুভ-অশুভের লড়াইয়ে 'আলো' আর 'অন্ধকার'-কে যদি রুপক হিসেবে ব্যবহার করা হয়, তাহলে উপরের আলোচনাকে এখানে টেনে আনা যাবে কি? অন্ধকার যদি কোন শক্তি না হয়ে থাকে, তাহলে অশুভও কোন শক্তি হতে পারে না। অন্ধকার যেমন আলোকের অনুপস্থিতির ফলে সৃষ্ট, তেমনি অশুভও সমাজে শুভ বুদ্ধির অভাবে দেখা যায়।

সমাজের ক্ষুদ্র একক মানুষও এর ব্যতিক্রম নয়। আপন সত্ত্বার মাঝে শুভ-অশুভের যে চিরন্তন লড়াই, তাতে কখনো সে শুভবুদ্ধির দাঁড়া চালিত হয়, আবার কখনো অশুভবুদ্ধির চোখ-রাঙ্গানীর কাছে চরম ভাবে ধরাশায়ী হয়। আচ্ছা, অন্ধকারকে দূর করার জন্যে যেমন টর্চ আছে, অশুভকে দুড়ে ছুড়ে ফেলার জন্যে মানুষের কাছে তেমন 'টর্চ' থাকলে কেমন হতো? মানব জীবনে যখনই অশুভের উৎপাত, তখনই সেই টর্চ অন, সাথে সাথে অশুভের পলায়ন!

মন্দ হয় না তেমন একটি টর্চ হাতে পেলে।

১৫) স্বর্ণ থাকতে মাটির খোঁজ করে কি লাভ?

কার্নেগী তরুণ বয়সে স্কটল্যান্ড থেকে আমেরিকায় চলে যান। সেখানেই শুরু করেন ছোটখাটো কাজ। তা করতেই করতেই এক সময় তিনি আমেরিকার সবচেয়ে বড় ইস্পাত কারখানা'র মালিক হোন। তারপরেও তিনি থেমে থাকেননি। কঠোর অধ্যবসায়ের জোরে একসময় এমন অবস্থায় পৌঁছে যান যে তাঁর অধীনে ৪৩ জন কোটিপতি কাজ শুরু করেন। আমি যে সময়ের কথা বলছি, সে সময়ে আমেরিকায় নগণ্য সংখ্যক কোটিপতি ছিলো।

একবার একজন মানুষ তাকে জিজ্ঞাসা করলো, কিভাবে এতোজন মানুষ তাঁর সাথে কাজ করে এতো টাকার মালিক বনে গেলো? উত্তরে তিনি কি বললেন জানেন? তিনি বললেন- "লোকেদের কাছে পয়সা আসা মানে মাটি খুঁড়ে সোনা বের করার মত।"

মাত্র কয়েক তোলা স্বর্ণের জন্য মানুষ কয়েক টন মাটি খনন করে। কিন্তু, তাদের দৃষ্টি সোনার দিকে থাকে বলে সেই কয়েক টন মাটি তোলার কষ্ট তাদের কাছে কোন কিছুই মনে হয় না। নির্বিবাদে তারা সে কষ্ট মেনে নেয়।

আপনার জীবনের লক্ষ্য কি শুধুই মাটি খোঁড়া, নাকি তা খুঁড়ে স্বর্ণের কাছে পৌঁছানো? এখানে মনে করা জরুরী যে, অধিকাংশ মানুষই তা-ই পায় যার খোঁজ তারা করে।

আমাদের দেশেও আছেন এমন অনেক স্বর্ণ। তাঁদের নিয়ে লেখার কথা কত জনে ভাবেন?

১৬) জহুরী

যখন এক সাধাসিধা আর বেপরোয়া মানুষ কোন বহুমূল্য রত্ন বিক্রি করার উদ্দেশ্যে শহরের একমাত্র জহুরি'র কাছে নিয়ে আসে, জহুরী'র চোখ পৃথিবীর আর সবার মতই একটা খেলা শুরু করে।

জহুরী তার মুখোমন্ডলে শান্ত ভাব ধরে রেখে রত্নের আসল দাম প্রকাশ করে না। বরং, সেই মানুষটিকে ভয় আর লোভের দোলাচলে ফেলে রেখে সে ঐ রত্নের মূল্য নির্ধারন করতে থাকবে।

কিন্তু, আমার সাথে একটি মাত্র মুহুর্ত, প্রিয়,
আমি তোমাকে বুঝিয়ে দিবো,
হাফিজ তোমার কাছ থেকে কিছুই চায় না।
যখন তুমি আমার মত পথ-প্রদর্শকের সামনে এসে বসো,
এমনকি তুমি যদি ছন্নছাড়া অবস্থায়ও থাকো,
আমার চোখজোড়া উত্তেজিত হয়ে তোমার ঐশ্বরিক মূল্যের কথাই গেয়ে উঠবে।

[পারসী কবি হাফিজের একটি কবিতার ভাবানুবাদ]

১৭) আঁধার রাতের কাঁটা বিছানো পথ

একদিন শালবনে একাকী হাটছিলাম। গভীর রাত, আকাশে মেঘের আনা-গোনায় এক ফালি চাঁদের মায়াবী আলো চারদিক কি এক অপার্থিব আবেশে জড়িয়ে রেখেছে। ঝিঁঝিঁপোকাগুলো'র ডাক কানে এসে পৌঁছাতেই থমকে দাঁড়ালাম একবার। বনের সারি সারি শাল গাছের ঘন ডালগুলোর ফাঁক দিয়ে চাঁদের হালকা আলো যতটুকু পোঁছাচ্ছে, তার সাহায্যেই এগুচ্ছি এক পা, দু'পা করে।

কিছুটা সামনে এগুতেই দেখতে পেলাম একটি হলদে রঙের কাটা গাছ মাটিতে পড়ে আছে। এরপরেই পথটি দুটি ভাগে বিভক্ত হয়ে দু'দিকে চলে গিয়েছে। পথের এই প্রান্তে এসে দাঁড়িয়ে পড়তে হলো। কোন পথে যাবো এখন? নাকি ফিরে যাবো যে পথ দিয়ে এসেছি সেই পথটি ধরে?

আমি একজন অভিযাত্রী। গহন পথে চলে অভ্যাস। তাই ফিরে যাওয়ার প্রশ্নই আসে না। বেশ কিছুক্ষণ দাঁড়িয়ে থেকে যে পথটি কিছুটা ঢালু হয়ে নিচে নেমে গিয়েছে, সেই পথের পানে তাকিয়ে থাকলাম। সিদ্ধান্ত নেওয়ার চেষ্টা করছি, কি করবো। শেষে মনে হলো অন্য পথটি বেছে নেওয়াই ভালো। এই মেঠো পথটা সবুজ ঘাসে ঢাকা, বেশ মসৃণ। অন্যটার মত উচু-নিচু নয়। তাছাড়া, এই পথ দিয়েই গন্তব্যে আগে পৌছা যাবে।

কিন্তু, আমি কি জানতাম, আমার বেছে নেওয়া পথটি কতটা বন্ধুর হতে পারে! খোলা সবুজ মাঠ পেয়ে আমি যখন বুক ভরা শ্বাস নিতে নিতে দৌড়াতে লাগলাম, ঠিক তখন......

ঠিক তখন সবুজ ঘাসের মাঝে লুকিয়ে থাকা বুনো গাছের কাটাগুলো বেরিয়ে এসে আমার খালি পায়ে ফুটে রক্তাক্ত করে দিলো। বুঝতে পারলাম, এই পথে এসে কি ভুলটাই না করেছি।

জানি, বহু বছর পরেও আমার এই সিদ্ধান্তের জন্যে লজ্জা পেতে হবে। হয়তো বুড়ো কালে যখন কোন পূর্ণিমা'র রাতে একা জেগে উঠবো, তখন হয়তো মনে পড়ে যাবে, বহু বছর আগে কোন এক রাতে আমার সামনে একটি হলুদ গাছের গুড়ি বাধা মাটিতে পড়ে ছিলো। সেই জায়গা থেকে দু'টি পথ দু'দিকে চলে যাওয়া যেতে দেখে, আমি বেছে নিয়েছিলাম এমন একটি পথ যা আমাকে গন্তব্যে তাড়াতাড়ি পৌঁছে দিতে পারে।

আর, সে সিদ্ধান্তটাই সব পার্থক্য রচনা করে দিয়েছিলো।

[কবি রবার্ট ফ্রস্টের একটি কবিতা অবলম্বনে]

১৮) দুই বন্ধু'র গল্প

একদিন এক ব্যক্তি তার বন্ধু'র বাড়িতে বেড়াতে গেলো। বাড়ির সামনে এসে সদর দরজায় 'ঠক, ঠক' শব্দ করে আঘাত করতেই সেই বন্ধু বাড়ির ভিতর থেকে জিজ্ঞেস করলো- "কে ওখানে?"
সেই ব্যক্তি উত্তর দিলো- "আমি।"

তা শুনে বাড়ির মালিক সেই বন্ধুটি বললো-
"ভাগো এখান থেকে! কোন কাঁচা মাংসের স্থান নেই আমার ঘরের টেবিলে।"

সেই ব্যক্তি মনে আঘাত পেয়ে পথে পথে ঘুরে বেড়াতে লাগলো। বিরহ যাতনায় এভাবে ঘুরতে ঘুরতে তার ভিতরের সকল অহংবোধ আর ভন্ডামী ধুলোয় মিশে গেলো। এভাবে সম্পূর্ণভাবে বিধ্বস্ত হয়ে একদিন সে ফিরে এলো আবার সেই বাড়িতে।

খুঁড়িয়ে খুঁড়িয়ে বন্ধু'র সদর দরজায় পৌঁছে আবার আঘাত করলো, এবারে খুবই ভদ্র ভাবে।
"কে ওখানে?" ভিতর থেকে বন্ধু'র প্রশ্ন।

সেই ব্যক্তি উত্তর দেয়....................তুমি।"
"দয়া করে ভিতরে চলে এসো, হে আমার আপন সত্ত্বা। এখানে দ্বিতীয় কোন ব্যক্তির জন্যে কোন জায়গা নেই যে!"

বন্ধুটি সাদরে অভ্যর্থনা জানায়।

শেখ রুমী'র একটি লেখার ভাবানুবাদ

১৯) সত্যের চেয়ে মিথ্যা অনেক ভালো, যদি....

আমি একদিন জানতে পারলাম, একজন বাদশাহ এক বন্দিকে হত্যা করার আদেশ দিয়েছেন। সেই অসহায় লোকটি হতাশায় মরিয়া হয়ে নোংরা ভাষায় রাজাকে গালি দিতে লাগলো। কথায় আছে-

যে ব্যক্তি জীবনের সাথে সকল সম্পর্ক চুকিয়ে ফেলে,
সে নিজের হৃদয়ে থাকা কোন কথাই আর লুকায় না।

যখন কোন মানুষ হতাশ হয়, তখন তার জিহবা আর সংযত থাকে না। সে তখন কোনঠাসা বিড়াল যেমন পিছু নেওয়া কুকুরকে আক্রমন করে বসে, ঠিক তেমনটি হয়ে যায়।

যখন লড়াই করে টিকে থাকার আর কোন উপায় থাকে না, মানুষের হাত এমনকি তলোয়ারের ধারালো অগ্রভাগও চেপে ধরতে পারে!

বাদশাহ জিজ্ঞাসা করলেন বন্দী কি বলছে। তখন এক ভালো মনের উজির বললেন-
'বাদশাহ নামদার, এই লোকটি বলছে- যে ব্যক্তি নিজের ক্রোধকে প্রশমিত করে কোন মানুষকে ক্ষমা করে দেয়, তাঁকে আল্লাহ-ও ভালোবাসেন।'

তা শুনে রাজা'র মন সহানুভূতিতে ছেয়ে গেলো। তিনি বন্দিকে হত্যা করার আদেশ ফিরিয়ে নিতে চাইলেন। কিন্তু, রাজসভায় উপস্থিত আগেরজনের বিরোধী অন্য একজন উজির বলে উঠলো-

'আমাদের পদমর্যাদা'র কারো বাদশাহের উপস্থিতেতে সত্য ছাড়া অন্য কিছু বলা সাজে না। বাদশাহ, ঐ বন্দি আপনাকে অপমান করে কুৎসিত ভাষায় কথা বলেছে।'

রাজা এ কথা শুনে অসন্তুষ্ট হয়ে বললেনঃ 'ঐ মিথ্যা কথা আমার কাছে বেশি গ্রহণযোগ্য ছিলো, কারণ প্রথমজন পরিস্থিতিকে শান্ত করে বন্দির সাথে মিলিয়ে দি্তে মিথ্যে কথা বলেছে। আর দ্বিতীয়জন সম্পূর্ণ বিদ্বেষের বশবর্তী হয়ে সত্য কথা বলেছে। কোন এক জ্ঞানী ব্যক্তি বলেছেন-
''মিথ্যা কথা বলা অনেক ভালো যদি তা কারো সাথে সম্পর্ক গড়ে দেয়। অন্যদিকে, বিপর্যয় সৃষ্টি করার সম্ভাবনা থাকলে এমনকি সত্য কথাও পরিত্যাজ্য।"

যাদের কথা শাহ মেনে চলেন, এটা খুবই দুঃখজনক হবে যদি তারা ভালো ছাড়া অন্য কোন কথা বলে থাকেন।

নিচের লিপিটি ফেরিদুনের সভার বারান্দায় খোদাই করে লেখা আছে-
এ পৃথিবী কারো'র নয়, ওগো আমার ভাই।

খোদার সাথে যদি নিজেকে বেঁধে ফেলতে পারো,
সন্তুষ্ট থেকো তাতেই।
এই দুনিয়ার কোন কিছুর উপরই নির্ভর করো না, দুনিয়ার উপর তো না-ই।
কারণ, তা আমার মত অনেককেই লালন-পালন করার পর
জবাই করেছে সর্বদাই।
যখন কোন বিশুদ্ধ আত্মা এই পৃথিবী ছেড়ে চাইবে চলে যেতে ,
সে সিংহাসনেই মরলো কি মাটিতে.......
তাতে তার কি যায় আসে!

শেখ সাদি'র একটি লেখার ভাবানুবাদ

২০) আমরা তো এ জায়গায় কাউকে বন্দি করতে আসিনি!

তোমরা কি মনে করো, আমরা এখানে কোন মানবাত্মাকে বন্দি করতে এসেছি! তা কিন্তু নয়। বরং, আমরা এসেছি মুক্তি আর খুশির মহান হাতে আরো গভীর ভাবে নিজেদের সমর্পণের জন্যে।

আসলে, চিরঞ্জীব ভালোবাসা আমাদের এক বার্তা পাঠিয়েছেন, আমরা সেই ডাকে সাড়া দিয়েই বহু ক্রোশ পাড়ি দিয়ে তোমাদের এ রাজ্যে এসে পৌঁছেছি। আমরা তো তোমাদের মনোরোম এ বিশ্বে আসিনি সেই ভালোবাসা'র কোলে জিম্মি হওয়া ঠেকাতে!

আমরা আরো এসেছি এই কথা তোমাদের কানে চুপি চুপি বলে দিতে-
'সময় থাকতে পালাও, ওগো প্রিয়,
এমনতরো কোন কিছু'র হাত থেকে
যা শক্তি যোগাবে না
তোমার নব গজিয়ে উঠা অমুল্য ডানা'র তরে।'

পাগলের মতো দৌড়ে পালিয়ে যাও, প্রিয়,
যদি মনে হয় কেউ ধারালো কোন ছোরা ঢুকিয়ে দিতে চায় তোমার সুন্দর হৃদয় থেকে জন্ম নেওয়া অর্থবহ, দৈব দৃষ্টিতে।

আমাদের দায়িত্ব দেওয়া হয়েছে তোমাদের এটা বলেই যেন আমরা মহান সে প্রিয়তমের আনুগত্য করার বিভিন্ন উপায়ের সাথে নিজেদের পরিচিত করতে ঝাপিয়ে পড়তে পারি। শুধু কি তাই? আমাদের মাঝে লুকিয়ে থাকা এই বিশ্বে আসার মহান উদ্দেশ্যগুলোকে চিৎকার করে বেরিয়ে আসার কথা বলে দিতে হবে।
তাই আবারো বলছি,
আমারা তো এখানে কাউকে বন্দী করে নিতে আসিনি,
কিংবা আসিনি কয়েদ করতে
আমাদের বিস্ময়কর চেতনাকে।

আমরা বরং এখানে এসেছি এমনতরো অভিজ্ঞতা লাভে
যা আমাদের নিয়ে যাবে সাহস, মুক্তি আর ‘আলো’-কে
গভীরতর অনুধাবনের এক রাজ্যে।

=========================
কবি হাফিজের একটি কবিতার ভাবানুবাদ
======================

২১) হারিয়ে যাওয়া সেই প্রজন্ম

'আমি হারিয়ে যাওয়া একটি প্রজন্মের অংশ'
আর, আমি বিশ্বাস করি যে-
'আমি ক্ষয়ে যাওয়া এই পৃথিবীতে পরিবর্তন আনতে পারবো না'
আমি জানি, এইটি একটি আঘাত যদি ভেবে থাকি-
'সুখ বিষয়টি যার যার ভিতর থেকে আসে না'
আর, এটাও একটি মিথ্যা কথা যে-
'শুধু মাত্র টাকা-পয়সাই আমাকে সুখী করতে পারে না'
তাছাড়া, ৩০ বছরের মধ্যেই আমি আমার সন্তানদের বলবো-
'তারা-ই আমার জীবনের সবচেয়ে গুরুত্বপূর্ণ অংশ নয়'
যা আমার বস সরাসরি জানতে পারবেন,
জীবনে আমি এই মন্ত্রকে সবচেয়ে বেশি মূল্য দেই-
পরিবার
থেকে আমার জীবনে বেশী প্রয়োজনীয়
চাকরী
আমি তোমাদের জানাবো যে-
কোন এক কালে
'পরিবারের সদস্যরা একসাথে থাকতো।'
এইটি কিন্তু আমি যে ষুগে জন্মেছি সেই যুগে সত্য যে-
'আমাদের সমাজ অত্যান্ত প্রতিক্রিয়াশীল'
বিশেষজ্ঞরা বলে থাকেন-
আমার বিবাহবিচ্ছেদের ১০ম বার্যিকী,
'এখন থেকে ৩০ বছরের মাঝে উদযাপিত হবে'
আমি স্বীকার করি না যে-
'আমি এমন একটি দেশে বাস করবো যা কিনা আমার নিজের হাতে গড়া'
ভবিষ্যতে-
'প্রকৃতিকে ধ্বংস করাই হবে আমার আদর্শ',
এইটি আর কখনোও হবে না-
'আমি আর আমার সহযোগীরা সব সময়ই এই বিশ্ব নিয়ে ভাবাবেগে বিলীন হবো'
এটাই স্পষ্ট হয়ে ফুটে উঠবে-
'আমার প্রজন্ম হচ্ছে উদাসী আর অনুদ্যোগী'
তাই, এইটি অনুমান করা বোকামী যে-
'এখনো আশা আছে'
এর সবই সত্যি হবে, যদি না এগুলোকে আমরা উল্টো দিকে এভাবে ঘুরিয়ে দিতে পারি---

(এবারে, উপরের লেখাটি একদম নিচের লাইন থেকে উপরে পড়ুন....)

২২) নেতৃত্ব নিয়ে কিছু চিন্তা

কোন সেমিনারে বা ট্রেইনিং সেশনে উপস্থিত মানুষদের যদি এক মুহূর্তে চুপ করিয়ে দিতে চান, তাহলে এই ট্রিকটি ব্যবহার করুন। তাদের উদ্দেশ্যে প্রশ্ন ছুঁড়ে দিন- "কেউ আপনার নেতৃত্ব মেনে নেবে কেন?" গত কয়েক বছর ধরে কনসাল্টিং করার সময় আমি বিভিন্ন জায়গায় এই প্রশ্নটি করে যাচ্ছি। প্রশ্নটি করার পরের অবস্থা সত্যিই দেখার মতো। পুরো রুম জুড়ে অদ্ভুত এক নিস্তব্ধতা নেমে আসে, অনেকের পা কাঁপাকাঁপি শুরু হয়ে যায়।

এখানে ভয় পাওয়ার অনেক কারণ আছে। আপনি যে কোন ব্যবসায় অনুসারী ছাড়া চলতে পারবেন না, আর এই 'আলোকিত সময়ে', আপনাকে অনুসরণ করার মতো লোক খুঁজে পাওয়া খুবই কঠিন ব্যাপার। সেজন্যে, প্রতিষ্ঠানে যারা কাজ করেন, তাঁদেরকে উচিৎ কিভাবে আরো মানুষের কাছে ভালো ভাবে পৌছা যায়, সে সুযোগ অন্বেষণ করা, নিজ নিজ প্রতিষ্ঠানের লক্ষ্য ও উদ্দেশ্য'র প্রতি আরো দায়বদ্ধ হওয়া। মজার ব্যাপার হচ্ছে, চাকুরেরা বেশিরভাগ সময়ই এই ব্যাপারগুলো জানেন না, আর এরজন্যে তাদেরকে কে দোষ দেবে? তাদের জন্যে তো আকাশে-বাতাসে উপদেশ ভেসে বেড়াচ্ছে! কিভাবে নেতৃত্ব দিতে হয় তা নিয়ে প্রতি বছর গড়ে প্রায় ২০০০ বই বের হয়। এই বইগুলো'র কিছু কিছু এমনকি এমন সব মানুষকে নেতৃত্বের গুরু হিসেবে প্রকাশ করছে, যারা তার যোগ্য নয়! এই যখন অবস্থা, তখন আর প্রতিষ্ঠানের কর্মচারীদের দোষ দিয়ে আর কই লাভ!

তারপরো, আমাদেরকে শুনতে হবে, 'নেতৃত্ব' বলতে আসলে কি বোঝায়। হ্যাঁ, এ কথা সত্য যে, একজন প্রকৃত নেতাকে দূরদৃষ্টিসম্পন্ন, শক্তিশালী, কর্তৃত্বপরায়ন হতে হবে, কৌশলী দিক-নির্দেশনা দেওয়ার মতো ক্ষমতা থাকতে হবে। কিন্তু, আমরা লক্ষ্য করেছি যে, সকল প্রেরণদায়ক নেতাদেরই আরো চারটি বিশেষ গুণ থাকতে হয়-

- এই নেতারা নিজেদের কিছু কিছু দুর্বলতার কথা প্রকাশ করেন। কোন কোন ক্ষেত্রে এমনকি নিজেদের অরক্ষিত হিসেবে তুলে ধরে তাঁদের আরো কাছে পৌঁছার সুযোগ করে দেন। তাঁদের মানবীয় দিকটা মানুষ এভাবেই দেখতে পায়।
- এই মানুষগুলো নিজেদের ষষ্ঠ ইন্দ্রিয়ের প্রতি নির্ভর করে সঠিক সময়ে, সঠিক সিদ্ধান্ত নেন। মানুষের সাথে সহজে মিশে গিয়ে তাদের কাছ থেকে সরাসরি তথ্য যোগাড় করার ক্ষমতা নেতাদেরকে এই সঠিক সময়ে, সঠিক সিদ্ধান্ত নিতে সাহায্য করে।

- নিজেদের প্রতিষ্ঠানের কর্মচারীদের প্রতি সহমর্মিতা প্রদর্শন করে এই অনিপ্রেরণাদায়ী নেতারা তাদের এতো কাছে পৌঁছে যান যে, এই নেতাদের যে কোন নির্দেশে যে কোন কাজে ঝাপিয়ে পড়তেও তারা কুন্ঠা বোধ করেন না।

- তাঁরা নিজেদের স্বকীয়তা প্রকাশ করেন বিভিন্ন ভাবে। নিজেদের অনন্যতা'র উপর ভিত্তি করেই এগিয়ে চলেন তাঁরা।

আপনি এসব গুণ ছাড়াই একটি প্রতিষ্ঠানের সর্বোচ্চ লেভেলে যেতে পারেন। কিন্তু, এক্ষেত্রে অনুসারী পাওয়া আপনার জন্যে অনেক কঠিন হয়ে যাবে।

২৩) 'হু' - জিকরের মাধ্যমে আল্লাহকে স্মরণ

'লা ইলাহা ইল্লাল্লাহু'-র অর্থ 'আল্লাহ ছাড়া আর কোন পালনকারী নেই, আল্লাহই একমাত্র পালনকারী'। আল্লাহকে স্মরণ বা জিকিরের তিনটি অংশ।
প্রথমাংশঃ প্রথমেই দৃশ্যমান সব কিছুকে অস্বীকার করতে হবে। দ্বিতীয়াংশঃ নিজের স্বত্ত্বার মাঝে একটি পরিপূর্ণ পরিবর্তন নিয়ে আসতে হবে, তৃতীয়াংশঃ ঐশ্বরিক স্বত্ত্বা'র উপস্থিতি 'হু'-র বহিঃপ্রকাশ ঘটাতে হবে।
সুফিরা গেয়ে উঠেন- 'হু' - 'যা থাকার তা-ই আছে' 'যা থাকার তা-ই ছিলো' 'যা আছে তা-ই থাকবে'।

এ বিশ্ব একটি প্রতিবিম্ব ছাড়া আর কিছু নয়,
যেন তা দেয়ালে ঝোলানো সোনার কারুকাজ করা কোন পর্দা বিশেষ,
খেলাচ্ছলে করা একটি বাহুল্য বস্তু!

ভালোবাসায় ডুবে যাও,
যে ভালোবাসে সে হৃদয়ে অবস্থান করা মহান স্বত্ত্বাকে পাওয়ার আকাঙ্খায় ডেকে উঠে,
কিন্তু তারপরও মনে হয়, তারা একে অপর থেকে কতই না দূরে!
কেউই বেহেস্ত যাওয়ার আশা করে না যদি জানে যে তাকে এর বিনিময়ে মরতে হবে,
এমন কোন ব্যক্তি নাই যে অমর হবার আশা রাখে যদি জানে যে এর বিনিময় মূল্য 'মৃত্যু',
কিন্তু, এটাই হচ্ছে ভালোবাসা, যার মানে হচ্ছে- 'মৃত্যু'-কে আলিঙ্গন!
তবু, এভাবে আবির্ভূত হওয়ার মাধ্যমেই একটি নতুন 'তুমি'-র পুনর্জন্ম হয়- খাঁটি, অক্ষয়,
ভালোবাসায় পরিপূর্ণ,
এবং শুধু তখনই হৃদয়ের ডাক তার প্রত্যাশিত উত্তরের দেখা পায়!

যতক্ষণ পর্যন্ত, আমাদের মাঝে অহম বেঁচে থাকে, ততক্ষণ পর্যন্ত ভালোবাসা'র দেখা পাওয়ার কোন আশা নেই। যখন ভালোবাসার আকাঙ্খা অহমের অন্ধকারাচ্ছন্নতাকে দূরে সরিয়ে দেয়, তখনই সত্যকে কাছে পাওয়া সম্ভব হয়ে উঠে।

২৪) এগুলো কি অতিরিক্ত কথা?

এ পৃথিবীর একটি অংশ কিভাবে পৃথিবী ছেড়ে চলে যেতে পারে?
পানির আর্দ্রতা পানিকে ত্যাগ করতে পারে কি?
আগুন ছুড়ে দিয়ে আগুনকে নিভানোর চেষ্টা করো না!
শরীরের আঘাত পাওয়া অংশকে রক্ত দিয়ে ধুয়ে পরিস্কার করা যায় কি!
তুমি যত জোরেই দৌড়াও না কেন,
নিজের ছায়াকে কি ছাড়িয়ে যেতে পারবে?
অনেক সময় তো সে তোমার আগে আগেই দৌড়ে যায়!
একমাত্র মাথার উপর পূর্ণ সুর্যই ছায়াকে একদম মিলিয়ে দিতে পারে।

কিন্তু, সেই ছায়াই তো অবিরত তোমার সেবা করে যাচ্ছে! সে তোমায় যেমন আঘাত করে, তেমনি আশীর্বাদও করে। অন্ধকার তোমার জন্যে একটি প্রদীপ। নিজের সীমারেখা তোমাকেই খুঁজে বের করতে হবে যে!

আমি যা বললাম তা ব্যাখ্যা করে বলতে পারি, কিন্তু তা তোমার হৃদয়ের কাঁচের আচ্ছাদন ভেঙ্গে ফেলতে পারে। আর তা একবার হলে, সেই আচ্ছাদন জোড়া লাগাবার নয়।

তোমার অবশ্যই আলো আর অন্ধকার দুটোর উৎসই আছে।
শোনো, তুমি বরং ভক্তির বৃক্ষের নিচে নিজের মাথা পেতে দাও।

সেই বৃক্ষ থেকে যবে তোমার ডানা আর পালকগুলো গজিয়ে উঠে,
একটি ঘুঘুর চেয়েও বেশি শান্ত হয়ে থাকো।
এমনকি, 'কুহু' ডাকার জন্যে একটিবারও মুখ খুলবে না।

যখন ব্যাঙ পানিতে নেমে যায়, সাপ তাকে ছুঁতেও পারে না। কিন্তু, ব্যাঙ যখন আবার ফিরে এসে 'ঘ্যাঙর ঘ্যাঙ' বলে ডাক দেয়, সাপ আবারো তার দিকে এগিয়ে যায়।

এমনকি, ব্যাঙও যদি সাপের মতো 'হিসহিসিয়ে' উঠা শিখতে পারতো, সাপ ঠিকই ব্যাঙের গলা চিনে ফেলে তার কাজ সমাধা করে ফেলতো। কিন্তু, ব্যাঙ যদি সম্পুর্ণ ভাবে মুখ বন্ধ করে রাখতো, তাহলে সাপ নিজের ঘুমে ফিরে যেতো। এই ফাঁকে ব্যাঙও যবের কাছে চলে যেতো।

মনে রেখো,
নীরব শ্বাস-প্রশ্বাসের মাঝেই আত্মা বাস করে।
আর, ঐ যবের দানা এমন একটি জিনিস যা মাটিতে ফেললে বেড়ে উঠবেই।
এই কথাগুলো কি যথেষ্ট নয়, নাকি আমি এর থেকে আরো রস বের করবো?
তা করার আমি কে, বন্ধু?

মূলঃ শেখ জালালুদ্দিন রুমী

২৫) টোকাইরা এখন আকাশে যাওয়ার আশা নিয়ে ঘুমাবে

আশাই মানুষকে বাঁচিয়ে রাখে। আশাই জীবন। মা-বাবা আশা রাখেন সন্তান একদিন মানুষ হবে, শিক্ষক আশা রাখেন একদিন প্রচন্ড ভিড়ের মধ্যেও তাঁকে অনেকদিন পর কাছে পেয়ে কোন ছাত্র-ছাত্রী তাঁর পা জড়িয়ে ধরে কদমবুসি করবে, পারার নেতা আশা রাখেন একদিন তিনি সংসদ সদস্য হবেন, প্রধানমন্ত্রী আশা প্রকাশ করেন তিনি আরেকবার দেশকে নেতৃত্ব দিবেন।

ঠিক এভাবে, একজন ভিক্ষুক বা টোকাইদেরও আশা আছে। কেউ তাদের সাহায্যে এগিয়ে আসবে অথবা ডাস্টবিনে কোন একদিন গুপ্তধন পেয়ে যাবে, এই হয়তো তাদের আশা। এই আশা কি আরো একটু বাড়িয়ে নেওয়া যায়? শুধুই জীবিকার অন্বেষণে তাদের রত না রেখে, তাদের আশার পরিধি আরো বিস্তৃত করা যায় কি? গেলে, সেটা কিভাবে?

হয়তো এখন থেকে মা-বাবা আশা রাখবেন তাঁদের ছেলে এস্ট্রোনট হবে, শিক্ষক অবাক হয়ে দেখবেন তাঁর কোন ছাত্র মহাকাশের কোন যান থেকে তাঁকে চিঠি লিখেছে, পাড়ার নেতা এলিয়েনদের সাথে কিভাবে কথোপকথন করে জ্ঞান বাড়ানো যায় তা নিয়ে ভাবিত হবেন, প্রধানমন্ত্রী আরেকটি গ্রহে বসতি করে সেখানকার প্রধানমন্ত্রী হবার স্বপন দেখবেন।

এভাবে, ভিক্ষুক বা টোকাই রাস্তায় ঘুমাবার আগে আকাশের তারা গুনতে গুনতে ভাবতে থাকবে, ঐ আকাশ থেকে ঠিকই একদিন কেউ নেমে এসে তাদের সকল সমস্যা মিটিয়ে দিবে। তাদের হয়তো তখন আর ভিক্ষা করতে হবে না। আকাশে চাঁদ নামক বস্তুটিকে তখন শুধু রুটি বলে মনে হবে না, ভাবিষ্যতের একটু মাথা গোঁজার ঠাই হিসেবেও গন্য হতে থাকবে।

বঙ্গবন্ধু স্যাটেলাইট এমন আশা তৈরী করতে পারলে দোষ কি!

২৬) উপবাস নিয়ে একটি গল্প

'ওগো, রাজ প্রাসাদে একটু যাবে? যদিবা একটু খাদ্যের সন্ধান পাওয়া যায়, আমার ভুখা ছেলে-মেয়েগুলো'র জন্যে।' রাজার এক অফিসারের স্ত্রী স্বামীকে বললেন।

'দস্তরখানা আজ বন্ধ,' স্বামী বললেন, 'আগের রাতে রাজা আজ রোযা রাখার সিদ্ধান্ত নিয়েছেন।'
ক্ষুধার জ্বালায় স্ত্রী মাথা নিচু করে গুমড়ে কেঁদে উঠে বললেন-

'এভাবে উপবাস থেকে রাজা কি পেতে চান যখন তাঁর উপবাস ভঙ্গের সময়টা আমাদের সন্তানদের মুখে হাসি নিয়ে আসে?'

যার খাওয়ার সময়টা এমন আনন্দের উপলক্ষ নিয়ে আসে, সে অবিরত রোযা রেখে যাওয়া একজন প্রার্থনাকারী'র চেয়ে অনেক উত্তম। তাই, সেই লোকের সংসর্গে থাকো যে উপবাসের দিনে সকাল বেলা নিজের খাদ্য গরী-দুখীদের মাঝে বন্টন করে দেয়।

মূলঃ শেখ সাদী - বোস্তান

২৭) একজন স্বর্গীয় মানুষের কথকতা

আপনারা কি আমাকে আজ আপনাদের সামনে একজন স্বর্গীয় মানুষের স্বরূপ বর্ণনা করতে দিবেন, প্লিজ? যদি দেন, তাহলে বলতাম-

যবে থেকে স্রষ্টা ধনুকের ছুড়ে দেওয়া একটি তীরের মতো করে এই বিশ্বকে তৈরী করেছেন, তখন থেকে- প্রত্যেক দিন, প্রতিটি মুহূর্তে, আমাদের জন্যে একবার দরজা খুলে ধরছেন আবার তা বন্ধ করে দিচ্ছেন তিনি। এটা এতো দ্রুত ঘটে যাচ্ছে যে একজনের চিন্তা-ভাবনা থামিয়ে দেওয়ার জন্যে তা যথেষ্ট।

আপনি যদি এমন কারো দেখা পান-
যে দেখতে শুধু সুশ্রী নয় যার মেজাজটাও খুব সুন্দর-
যাঁর কথাবার্তা খুব সহজ-সরল আর স্বভাবে দিলখোলা-
সেই সাথে যে সবার ভালোর জন্যে প্রার্থনা করে-
তেমন মানুষের সংস্পর্শে আসলে দেখতে পাবেন মনটা কি আনন্দেই না ভরে উঠে।
এমন লোক আপনাকে এই বিশ্বব্রহ্মাণ্ডের
সকল উত্তেজনা আর সংকীর্ণতা ভুলে যেতে সাহায্য করবে,
আপনার ভিতরটা তাঁর সংস্পর্শে এসে এমন ভাবে প্রস্ফুটিত হবে যে, সে যখন গালও দিবে,
আপনি হেসে ফেলবেন।

আর,
তাঁর কাছে আসার আহবান আপনাকে কাঁদিয়ে দিবে ঠিক, কিন্তু-
সেই মুহূর্তে আপনি নিজের মাঝে লক্ষ-কোটি আনন্দরধারা অনুভব করতে থাকবেন।
এমন মানুষই বেহশত/স্বর্গের বাসিন্দা।

==
মূলঃ সুফি সম্রাট শামস তাব্রীজী (রহঃ)

২৮) মুসলিম দেশের মাননীয় সরকার প্রধানগণ, এই সত্য কাহিনী আপনাদেরই জন্যে

'গরীবদের দেখে রাখবে, আর, নিজের জন্যে কখনো আরাম চাইবে না। মেষপালক যদি বুঝতে পারে যে, তাঁর ভেড়াগুলোর মাঝে একটি নেকড়ে ঘুরে বেড়াচ্ছে, তাঁর আরামে ঘুমানো উচিৎ নয়। যারা খুব গরীব, তাদের সর্বদা রক্ষা করে চলবে, এই মানুষগুলোর জন্যেই তো একজন রাজার মাথায় মুকুট উঠে।

একটি ভূমির জনসাধারণ হচ্ছে জড়ের মতো, আর রাজা তার উপরে একটি গাছ, এই কথা মনে রাখবে, ও আমার পুত্র,, এই গাছ সেই জড় থেকেই শক্তি পায়। তাই, এমন জনগণের উপর অত্যাচার করা রাজার উচিৎ নয় যারা সেই রাজ্যে আঘাতের ভয়ে ভীত। এমন কোন ভূমিতে প্রাচূর্যের আশা করবে না যেখানে জনগণ তাদের শাসনকর্তা দ্বারা অত্যাচারিত।

আর, যারা গর্ব করে এবং স্রষ্টাকে ভয় পায় না, তাদের ভয়ে ভীত থাকবে।'

মৃত্যুর আগে পুত্রকে এমন কথাগুলোই নসিহত করে গেছেন পারস্যের চতুর্থ রাজবংশের বিংশতম রাজা নৌশিরাভান। এই ঘটনাটি শেখ সাদী তাঁর বিখ্যাত গ্রন্থ 'বোস্তান'-এ উল্লেখ করেছেন।

২৯) আপনার গলায়ও কিছু পরানো আছে কি?

সার্কাসে হাতির খেলা দেখেছেন কি? মস্ত বড় হাতির পিঠে চড়ে সঙেরা কি সুন্দর করেই না খেলা দেখিয়ে যায়! এই খেলা দেখতে দেখতে কখনো এই প্রশ্ন এসেছে কি যে, এতো বড় হাতি কিভাবে পোষ মানলো? আসলে কিন্তু এসব হাতিকে ছোটবেলাতেই পোষ মানিয়ে নেওয়া হয়।

একটা বাচ্চা হাতিকে যখন সার্কাসে ধরে নিয়ে এসে গলায় মোটা দড়ি পড়িয়ে দেওয়া হয়, তখন সেই হাতির বাচ্চা অনেক চেষ্টা করে দড়ি ছিড়ে ফেলার। চেষ্টা করতে করতে ক্লান্ত হয়ে একদিন মেনে নিতে বাধ্য হয় যে- সে কখনো এই দড়ি ছিড়ে বের হতে পারবে না। নিজের নিয়তিকে সে মেনে নেয়।

আস্তে আস্তে সেই হাতি বড় হয়ে বিশাল আকার ধারণ করে। সেই একই ভাবে তাকে রশি দিয়ে বেধে রাখা হয় খুঁটির সাথে। অনেক বড় হয়েও হাতিটি ছোটবেলার সেই চিন্তাকে মাথা থেকে ঝেড়ে ফেলতে পারে না। তার সেই বিশাল বপু নিয়ে যেখানে সে পুরো সার্কাসকে তছনছ করে বেড়িয়ে গিয়ে ফিরে যেতে পারে নিজ বনে, তা না করে সার্কাসে বড় হওয়া সেই হাতি গলায় দড়ি নিয়ে সেই সীমিত গণ্ডিতেই নিজেকে মানিয়ে নেয়। এমনো দেখা গেছে, পুরো সার্কাসে আগুন ধরেছে, সকল মানুষ-পশু-পাখী পালিয়ে গেছে, কিন্তু সেই হাতি ঠায় দাঁড়িয়ে থেকেছে গলায় সেই ছোট রশি নিয়ে!

অনেক মানুষ আছেন যারা সেই হাতির মতো। ছোটবেলা বাবা-মা-শিক্ষক-আত্মীয়-স্বজন বা বন্ধু-বান্ধবের কারণে নিজেকে নিজের মাঝে গুটিয়ে রাখেন। কোন কিছু করতে গেলেই মনে পড়ে যায় ছোটবেলায় শোনা গুরুজনদের কথা- 'এই, তুমি এটা করতে পারবে না।' ভয়ে তখন তারা নিজেদের কোন কাজ থেকে গুটিয়ে নেন।

আর, একেই বলা হয় বেবি এলিফ্যান্ট সিন্ড্রোম।
আপনার গলায়ও সেরকম কোন কিছু পরানো আছে কি?

৩০) জীবন-জিজ্ঞাসা

সৃষ্ট জগৎ' লইয়া কৌতহল মানুষের সেই আদ্যিকাল হইতেই।...পৃথিবীর তাবৎ মহামণিষীরা ইহা লইয়া জীবনের কোন না কোন সময় ভাবাতুর হইয়া সৃষ্টিজগতের রহস্যভেদে আদিষ্ট হইয়াছেন।...এই জীবন-জিজ্ঞাসায় সাফল্য-লাভ তাহাদের কেহকে করিয়াছে আস্তিক...আবার ব্যর্থতায় কেহকে পরিণত করিয়াছে চরম নাস্তিকে।

ইদানীং, কেন জানিনা আমার মাঝেও ঐধরণের জীবন-জিজ্ঞাসা উত্থিত হইতেছে।...ইহা বুঝি আমার মহা-মণিষী হইয়া উঠিবারই লক্ষণ!!!...কে জানে কি আছে কপালে!!...তবে...কপালে যাহাই থাকুক না কেন...আপনাদের নিকট আমার সেসব জীবন-জিজ্ঞাসা উপস্থাপন করিবো বলিয়া মানস করিয়াছি।

জীবন-জিজ্ঞাসা-১:
এই যে বিশাল মহাবিশ্ব...আকাশ-পাতাল,গ্রহ-নক্ষত্র... আচ্ছা... এসকল কোথা হইতে আসিলো, কি করিয়াই বা ইহাদের জন্ম হইলো?...আধুনিক বিজ্ঞান হইতে আমি জানতে পারিয়াছি যে, ইহারা সবকিছুই বিলিয়ন বিলিয়ন বছর আগে একটি গোলক বা ডিম্ব ছিলো।...কোন কারণে ঐ ডিম্বটি হঠাৎ ফুলিয়া পড়াতেই এই মহাবিপত্তি ঘটিয়াছে।...মহাবিপত্তি বলিতেছি এই কারণে যে, আজ এই যে মানুষে-মানুষে মারামারি, দেশে পুলিশের পিটা-পিটি, এমনকি আমার পেট সেই কখন হইতে যে ভুট-ভাট করিতেছে....তাহার কারণও বুঝি ঐ ডিম্ব মহাশয়ের পাট ফাঁপিয়া ফুলিয়া যাওয়ার সুদূর-প্রসারী প্রভাবের কারণেই!

আমার প্রশ্ন:
বিজ্ঞানীরা যেহেতু বলিয়াছেন সেই মহা-ডিম্ব মহাশয়ের পেট ফুলিয়া যাওয়ার সুদূরপ্রসারী প্রভাবের কারণেই এইসকল বিপত্তি ঘটিতেছে, তাহা মানিয়া লইতেই হয়।...কিনতু... আপনারা অভয় দিলে জিজ্ঞাসা করিতাম....ঐ ব্যাটা ডিম্ব-যাহার কারণে এতোসব অনাচার ঘটিতেছে, শুধু শুধু কেনো হঠাৎ করিয়া ফুলিয়া গেলো!!!...এতোকাল ধরিয়া অনেক কষ্ট সহ্য করিয়া যখন থাকিতে পারিলো, তখন ঠিক ঐসময়েই কেনো ইহা ফুলা শুরু করিতে গেলো? আর কি কোন সময় ছিলো না!!!..আচ্ছা.. ইহা কি নিজের ইচ্ছাতে ফুলিয়া ছিলো... নাকি অন্য কোন কারণ ঘটায় ইহার এমন বিপত্তি হইয়াছিলো?

যদি নিজের ইচ্ছাতে ফুলিয়া থাকে, তাহা হইলে তো ইহার প্রাণ ছিলো বলিতে হয়!!!...এখন প্রশ্ন জাগে....ঐ প্রাণ কোথা হইতে আসিলো? আর যদি প্রাণ না থাকিয়া অন্য কারণে ঘটিয়া থাকে,সেই অন্য কারণটাই-বা কি? সেই অন্য কারণ ঘটানোর পিছনে নিয়ামকটা কি ছিলো?...অন্য কোন কারণ ঘটানোর পি্ছনে তো কোন শক্তি থাকার কথা! কিনতু...সবকিছুর শুরুর যদি ঐ ডিম্ব বিস্ফোরণ হইতে হইয়া থাকে, তাহা হইলে ঐ শক্তি-যাহা সেই মহা-বিস্ফোরণের পিছনে নিয়ামক হিসেবে কাজ করিয়াছিল, তাহা আসিলো কোথা হইতে?(কারণ, বিগ বাং থিওরীতে বলা হইয়াছে: Prior to the singularity, nothing existed, not space, time, matter, or energy - nothing.)।...আর যদি শক্তি থাকিয়াই থাকে, সেই শক্তিইবা কেনো হঠাৎ করিয়া ঠিক সেই সময়ে সিদ্ধান্ত নিলো ডিম্বকে বিস্ফোরণ ঘটাইবে? তাহার হেতু কি ছিলো?

তাহার চেয়েও বড় প্রশ্ন....সেই বিরাট অশ্ব-ডিম্ব..থুককু...আদি-ডিম্বটি ঐ জায়গাতে আসিলো কোথা থেকে!!! সেটা কি নিজে থেকেই জন্ম লইয়াছিলো নাকি তাহাকে ‘কেউ’ তৈরী করিয়াছিলেন? নিজে থেকে আবার জন্ম নেয় কি করিয়া!!!

তাহা হইলে...বাকি থাকিলো, কেউ নিশ্চয় ইহাকে তৈরী করিয়াছিলেন। এছাড়া কি অন্য কোন সম্ভাবনা আছে কি?
না থাকিলে আমার প্রশ্ন......সেই 'কেউ'-টা তাহলে কে?

আবারো বলিতেছি... এই মূখ্য-সুখ্যু মানুষের এই সকল কথা-বার্তায় আশা করি কেউ মাইন্ড খাইবেন না।

৩১) ধুলোর মতই নতজানু হতে দোষ কোথায়, বন্ধু?

ওহে খোদার সৃষ্ট জীব, তোমার সৃষ্টি তো ধূলিকণা থেকে!

সেজন্যে, ধুলোর মতোই তোমায় নম্র হতে হবে। তবে কেন লোভী, অত্যাচারী কিংবা উদ্ধতদের দলভুক্ত হতে যাবে! এমন তো নয় যে তুমি আগুন হতে সৃষ্ট, বরং তোমার এই ধরাতে আসা ক্ষুদ্র ধূলিকণা হতে! যখন ভয়ংকর অগ্নি তার লেলিহান শিখা গর্বের সাথে মাথার উপর উদ্ধত হয়, তখন খেয়াল করে দেখেছো কি কিভাবে সেই ধুলো নম্রতার সঙ্গে নিজেকে নতজানু করে দেয়?

যখন থেকে আগুন অহংকারী হলো আর ধুলো বিনম্রতার পথ ধরলো, প্রথমটা থেকে শয়তানের সৃষ্টি, আর শেষেরটা থেকে? মহান মানব সভ্যতার!

৩২) একজন ধার্মিক মানুষের হাতে স্বর্ণের ইট

পারস্যের একটা শহরের রাস্তা দিয়ে একবার এক ধার্মিক লোক হাঁটছিলেন। হঠাৎ করে কোথা থেকে যেন এক সোনার ইট উড়ে এসে তার হাতে পড়লো। চকচকে সোনার ইট পেয়ে তো ধার্মিক লোকটার মাথা ঘুরে যাওয়ার অবস্থা। রাজ্যের লোভ এসে ভর করে তাঁর আলোকিত মনটাকে কলুষিত করতে থাকে।

'এই গুপ্তধন সারা জীবনের জন্যে আমাকে ধনবান করে দিলো; আর কোন দিনই আমাকে কারো কাছে নিচু হয়ে ভিক্ষা চাইতে হবে না। আমি এখন এমন একটা বাড়ি বানাবো যার মেঝে হবে মার্বেলের; উপরের সিলিং-এর বরগাগুলো হবে কুলকি কাঠের। আমার বন্ধুদের জন্যে তাতে থাকবে আলাদা একটা ঘর যার দরজা দিয়ে বাড়ির পিছনের বাগানবাড়িতে যাওয়া যাবে। এখন থেকে আমাকে আর কষ্ট করতে হবে না; ভৃত্যরাই আমার খাবার রান্না করে দিবে। এই উলের তৈরী শক্ত বিছানার চাদর আমাকে অনেক জ্বালিয়েছে; এবার আমি একটা মখমলের কাপড় কিনে বিছানায় বিছিয়ে দিবো।'

এমন সব কল্পনায় বিভোর হয়ে ধার্মিক লোকটি রাতের প্রার্থনা করতে ভুলে গেলো, নাওয়া নেই খাওয়া নেই; সারাটা রাত এসব চিন্তা তাকে ঘুমাতে দিলো না।

এভাবে কোনক্রমে রাত পার করে ভোর হলো। এমনকি সূর্যের অপরুপ লালিমা আর স্বর্গীয় বাতাসও তাঁর মনে শান্তি আনতে পারলো না। গত রাতের চিন্তাগুলো লোকটার মনে আরো প্রবল ভাবে জেঁকে বসলো। অলীক স্বপ্নে দিশেহারা হয়ে শহরের এদিক-ওদিক ঘুরে বেড়াতে বেড়াতে একটা কবরস্থানের কাছে এসে তিনি দেখতে পেলেন- একজন বুড়ো মানুষ একটা কবরের উপর থেকে মাটি তুলে ইট বানাচ্ছে। জ্ঞানী লোকটির হাতে সোনার ইট দেখতে পেয়ে বুড়ো লোকটি তাঁর মনের অবস্থা বুঝে ফেললো। তীরস্কার করে বললো-

'ওহে অবুঝ আত্মা! আমার কথা শোনো। কেন তুমি ঐ স্বর্ণের ইটের দিকে নিজের মনকে বেঁধে রেখেছো যখন একদিন তারা তোমার মৃত শরীরের ধুলো দিয়ে ইট বানাবে? তুমি কি জানো না, লোভী মানুষেরা খাবার জন্যে যত বড়ই হা করুক না কেন; তা একটা মাত্র লোকমাতেই বন্ধ হয়ে যেতে পারে?

হে জ্ঞানী লোক, ঐ স্বর্ণের ইট থেকে নিজের হাতটা সরিয়ে নাও। তোমার অন্তহীন অর্থলিপ্সা ঐ একটিমাত্র ইট দিয়ে পূরণ হবার নয়। ক্ষণিকের এই পাওয়ার আশা আজ তোমাকে অবহেলাকারীদের কাতারে সামিল করেছে; অন্যদিকে নিজের জীবনের আসল গুপ্তধন তুমি আজ পায়ে ঠেলছো; তুমি কি বুঝতে পারছো না লোভের ধুলা তোমার চোখকে আচ্ছন্ন করে ফেলেছে! নিজের জীবনের যত ফসল তুমি আহোরণ করেছিলে; তোমার লোভের সাইমুমে আজ তা সবই পুড়ে ধুলোয় মিশে গেছে।

যে অবহেলার ধাতুতে আজ তুমি নিজের চোখ বেঁধে রেখেছো; একবার ভেবে দেখো, কাল তুমি ধুলোর নিচে চাপা পড়া সেই ধাতুতেই পরিণত হবে।

আমাদের জীবন তো একটা পাখী বিশেষ, আর এই পাখীর নাম [si]প্রাণবায়ু[/si]। যখন কোন পাখী খাঁচা ছেড়ে উড়ে চলে যায়; সে কি আর বন্দি জীবনে থাকার জন্যে ফিরে আসে?
জীবন তো একটা মুহূর্তের সমান; আর একটি মুহূর্ত জ্ঞানের জন্যে ব্যয় করা মূর্খতার সাথে সারা জীবন অতিবাহিত করার চেয়ে অনেক ভালো।

তাহলে শুধু শুধু কেন আমরা এমন অলীক কাফেলায় নিজেদের সামিল করছি? আমাদের বন্ধুরা সব ইতিমধ্যেই বিদায় নিয়েছে, আমরাও এখন পথের মধ্যিখানে অপেক্ষায়। আমাদের পরে বাগানে সেই একই ফুল ফুটবে; বন্ধুরাও দলবেঁধে তার পাশে এসে আসন গেড়ে বসবে।
তুমি যখন শিরাজ নামের এই শহরে এসে পৌঁছাবে; তুমি কি যাত্রাপথে নিজের গায়ে জমে উঠা ধুলোগুলো ঝেড়ে ফেলে নিজেকে পরিস্কার করবে না?

খুব তাড়াতাড়িই, ওহে পাপের ধুলোয় নিমজ্জিত ব্যক্তি; তোমাকে এক আজব শহরে পাড়ি জমাতে হবে। তোমার তো এখন ফুঁপিয়ে কাঁদার সময়, কান্নার সে পানি যদিবা তোমার অপবিত্রতা মুছে দিতে পার।

==========
মূলঃ শেখ সাদী
==========

৩৩) বেঁচে থাকার আনন্দে বলুন- 'চিহহহ্!'

কথায় আছে- "ঠেলার নাম বাবাজী।" কথাটা মজা করে বলা হলেও যারা জীবনে এমন ঠেলা বা ধাক্কা খেয়েছেন তারা যদি একটু পিছু ফিরে দেখেন তাহলে বুঝতে পারবেন যে, সেই ধাক্কা না খেলে জীবনের অনেক কিছুই অপূর্ণ থেকে যেত। সেই ধাক্কাই জীবনের চলার পথে মানুষকে এগিয়ে দেয়।

ঈগলের দিকে লক্ষ্য করে দেখেছেন কি? কিভাবেই না ঈগল মা তার ছানাদের একে একে বাসা থেকে ধাক্কা দিয়ে শুন্যে ভাসিয়ে দেয়, মৃত্যুর ঝুঁকি থাকা সত্যেও!

তার মনে তখন সন্দেহের দোলা- "পারবে তো তার ছানাগুলো বাতাসে ভাসতে?" সব সন্দেহ ঝেড়ে ফেলে নিজের মায়ের কাছ থেকে ছোটবেলায় শেখা শিক্ষাগুলো কাজে লাগায় সে। নিজ মাথা দিয়ে ঠেলে বাতাসে ভাসিয়ে দেয় ছানাদের। মা হিসেবে এটাই হয়তো তার সর্বোচ্চ উপহার।

অন্যদিকে, বাচ্চাগুলোর মনে অবস্থা চিন্তার করে দেখুন। যে জন্মদাত্রী মা মুখে তুলে এতোদিন খাইয়েছে, সেই মা-ই তাদেরকে উঁচু বাসা থেকে এভাবে ঠেলে ফেলে দিচ্ছে! নিচে কঠিন জমি। সেখানে পড়লে নির্ঘাত প্রাণ যাবে। মনটা ভেঙ্গে চুরমার হয়ে যায় তাদের।

মায়ের কাছ থেকে একে একে ধাক্কা খেয়ে পড়ে যাওয়া বাচ্চাগুলো প্রথমে বুঝতে পারে না কি করবে। নিরেট পাথরের মতো পড়ে যেতে থাকে মাটির দিকে যেখানে মৃত্যু অপেক্ষা করছে।

বাঁচার আপ্রাণ চেষ্টায় শূণ্যে কখনো চরকির মতো পাক খেতে থাকে তাদের দেহ, আবার কখনো ডান বা বামে কাত হয়ে ডান ঝাপ্টিয়ে চেষ্টা করতে থাকে বাঁচার। তাদের দূর্বল ডানাগুলো প্রবল বাতাসের ধাক্কায় কুলিয়ে উঠতে পারে না।

মাটি আর মাত্র কয়েক গজ দূর। এ সময় তাদের বেঁচে থাকার প্রবল চেষ্টা নিজেদের মাঝে থাকা সহজাত প্রবৃত্তি থেকে বের করে আনে কিভাবে বাতাসে ভেসে থাকতে হয় সেই শিক্ষা।

ঈগল ছানা বাতাসে ডানা মেলে পরিপূর্ণ ভাবে। বেঁচে থাকার আনন্দে পাহাড়ী প্রান্ত জুড়ে তার উল্লাসের ধ্বনি ছড়িয়ে পড়ে- 'চিহহহ্!'

মুক্ত আকাশে ডানা মেলে নতুন এক শিকারী।

৩৪) ''এই ঠান্ডা শরবত, খাইতে লাগে মজা''

রাস্তার পাশে দাঁড়ানো ফেরিওয়ালার ডাকে শরবত পান করা নাকি খাওয়া যায় এই প্রশ্নের ধার না ধেরে মানুষ দেদারসে কিনে যাচ্ছেন লেবু দিয়ে বানানো পানিয়টি। তার ডাকে মন না গললেও একটি প্রশ্ন উদয় হলো। আচ্ছা, এই লোকগুলো ব্যবসায়ের মূলধন পায় কোথা থেকে? কি করেই বা চলে তাদের সীমিত আয়ের এ জীবন? কেন জানি, হঠাৎ করেই একজন ফেরিওয়ালার জীবনের প্রতি আগ্রহ সৃষ্টি হচ্ছে।

আরেকটি প্রশ্ন না করলেই নয়- একজন ভালো সেলসম্যান হতে হলে ভালো 'সেলস পিচ' তৈরী করা জরুরী। যত কম শব্দ ব্যবহার করে আকর্ষণীয় সেলস পিচ তৈরী করা যায় ততই ভোক্তার বা কাস্টমারের মন জয় করার সম্ভাবনা বেড়ে যায়। এই পিচ কিভাবে দিতে হয় তা রাস্তার পাশের ফেরিওয়ালাদের কাছ থেকে শেখার আছে অনেক কিছু। সে দাঁতের মাজন বিক্রেতাই হোক কি 'খালি ১০০ টাকা' কিংবা 'হেইয়ো, হেইয়ো' রব তোলা ফুটপাতের কাপড়ের ব্যবসায়ী, কি নিদারুণ বুদ্ধিমত্তার সাথেই না তাঁরা পাশ দিয়ে হেটে যাওয়া মানুষদের নিজ ভোক্তা বানিয়ে নিচ্ছে কখনো লক্ষ্য করেছেন কি?

শরবতের কথা উঠতেই মনে পড়ে গেলো ইংল্যান্ডের তিন বন্ধুর গল্প। ক্যামব্রিজ থেকে পাস করা এই তিন বন্ধু একদিন চাকরী ছেড়ে দেওয়ার সিদ্ধান্ত নিলেন। তাঁরা ব্যবসা করবেন বলে ঠিক করলেন। কি ব্যবসা করবেন? অনেক চিন্তা করে ঠিক করলেন- শরবত বেচার ব্যবসা করবেন। যেই ভাবা, সেই কাজ! একদিন তিন বন্ধু কিছু শরবত কয়েকটা বোতলে ভরে একটি খেলার মাঠে চলে গেলেন। লোকজন যারা সেই ফ্রি শরবত নিলো, তাদেরকে অনুরোধ করলেন, যদি ভালো লাগে তারা যেন 'হ্যাঁ' লেখা বালতিতে খালি বোতল ফেলে, আর, ভালো না লাগলে 'না' লেখা বালতিতে।

দিন শেষে দেখা গেলো, মাত্র দুটি বোতল 'না' লেখা বালতিতে পড়ে আছে। এর পরের দিনই তিন বন্ধু চাকরী ছেড়ে ব্যবসায় নেমে গেলেন। শরবতের সেই ব্যবসা পরে একটি বড় কোম্পানী কিনে নেয়। আর, তিন বন্ধু এখন একেকজন একেকটি দ্বীপের মালিক!

দোলনা হতে কবর পর্যন্ত সবার জন্যে শিক্ষা, আমার জন্যে তো বটেই!

৩৫) গলে পড়া তুষারকে দেখো, নরম হওয়া তারই কাছে শেখো!

খারাপ ভালো'র মিশেলেই আমাদের এই জীবন। ছোট্ট এই জীবনের প্রতিটি ক্ষণই আমাদের নানান পরিস্থিতির সম্মুখীন হতে হয়। সেগুলো'র কোন কোনটা কঠিন আর ক্ষতিকরও বটে। সেই পরিস্থিতিগুলো সামাল দিতে গিয়ে আমাদেরকেও কঠিন হতে হয় মাঝে মাঝে। কঠিন পরিস্থিতির মোকাবেলায় আমাদের সেই কঠিনত্ত কখনো সমস্যার সমাধান বয়ে আনে, আবার কখনো তা করে তুলে আরো কঠিন। আমাদের সেই কঠিনত্ত স্থায়ী ভাবে দাগ কেটে যায় নিজ সত্ত্বায়।

কিন্তু, কখনো কখনো তো এমনও হয়, আমাদের বিনয়, নম্র ব্যবহার অনেক খারাপ পরিস্থিতিকে সামলাতে সাহায্য করে। তবু কেন আমরা সেই বিনয়তা ছেড়ে দিয়ে কঠিন পথটাই বেছে নিই?

আকাশ হতে যখন তুষার কণা ঝড়ে পড়ে, কখনো তা লক্ষ্য করেছেন কি? তুষার গলে পড়ার সময় কণাগুলো যখন একে একে অপরকে আলিঙ্গন করে পরিস্কার করে দেয় গায়ে লেগে থাকা ধুলো-ময়লা, আমাদের নিজ সত্ত্বার মাঝেই বেঁচে থাকা ভালোগুলো দিয়ে কি মন্দ কাজের আঁচরে দাগ কেটে যাওয়া সত্ত্বার ক্ষতগুলোকে মুছে ফেলা যায় না?

যখনই তা সম্ভব হয়, আমরা হয়ে উঠি সেই জীব যাকে মহান সৃষ্টিকর্তা আল্লাহ নিজ সৃষ্টির সেরা বলে ভূষিত করেছেন। আমরা হয়ে উঠি সেই মানব-মানবী, যার কষ্টি পাথর স্বরূপ সংসর্গে চারপাশের সমাজ হয়ে উঠে আলোকিত।

আর, যখন আমরা নিজ মন্দত্বকে ভালোত্ব দিয়ে মুছে দিতে না পারি, আমরা কি সৃষ্টি'র অধমে পরিণত হই না?

সেজন্যেই, শেখ জালালুদ্দিন রুমি বলেছেন, ''গলে পড়া তুষার হও। নিজ সত্ত্বাকে দিয়ে নিজেকে ধুয়ে ফেলো।''

৩৬) মনের ভিতর আছে যা, বাহিরেও কি আছে তা?

জ্ঞানতাপস আল্লামা জালালুদ্দিন রুমী (রহঃ) বলেছেন, ''প্রত্যেক বস্তুর মধ্যে তার গুণ লুকিয়ে থাকে; যেমন বিভিন্ন ঔষধের মাঝে তার উপকারিতা লুকানো রয়েছে।''

প্রত্যেকটি সৃষ্ট বস্তুরই একটি বাহ্যিক এবং আরেকটি অদৃষ্ট বৈশিষ্ট্য রয়েছে। একটি ঔষধের বাহ্যিক আকার বা আবরণ দেখে তার কার্যকারিতা বুঝতে পারা যায় কি, বলে দেয়া যায় কি তা কোন রোগের প্রতিকার করবে? ঠিক তেমনি একটি গ্ল্যাসিয়ার দেখলেও বুঝা যায় না তা কত অংশ পানির উপর আর কতটুকু নিচে, তার বরফের বহিরাবরণ কতটুকু শক্ত।

মানুষও ঠিক এমনই। পাঁচটি বাহ্যিক ইন্দ্রিয় দ্বারা গঠিত মানব দেহ দেখে কে বলবে বিভিন্ন মানুষের কাজে রয়েছে বিভিন্ন অর্থ! একজন মানুষের সাথে আরেকজন মানুষের এই যে ফারাক, তা কিভাবে বিশ্লেষণ করা যায়? প্রশ্ন থাকতে পারে, এই বিশ্লেষণের প্রয়োজন কোথায়? একটি উদাহরণ দেই।

একবার এক মহিলা খলিফা হযরত উমর (রাঃ)-এর দরবারে এসে বললেন যে, তার স্বামী রাত-দিন শুধু আল্লাহর ইবাদত করেন।

তা শুনে হযরত উমর (রাঃ) বললেন- ''কি খোদা ভিরুই না তোমার স্বামী।''

মহিলাটি তা শুনে চলে গেলে, এক বেদুঈন উঠে উমর (রাঃ) বললো, মহিলাটি তো তার স্বামীর প্রশংসা করতে আসেনি। সে এসেছিলো তার স্বামী'র বিরুদ্ধে অভিযোগ জানাতে, কারণ, সে সংসারের প্রতি উদাসীন।

তখন উমর (রাঃ) মহিলাটিকে আবার ডাকতে বলে বললেন, ''তুমি ঠিকই বলেছো।'' মহিলাটি লজ্জায় হয়তো সরাসরি স্বামীর উদাসীনতা সম্পর্কে জানাতে অপারগ হয়ে অন্য কথার মাধ্যমে তা জানাতে চেষ্টা করেছিলো, হযরত উমর (রাঃ) হয়তো তা ঠিক বুঝতে পারেননি অথবা এমন ভাবে কথার উত্তর দিয়েছিলেন যা মহিলাটি বা উপস্থিত কোন কোন মানুষ তা বুঝে উঠতে পারেননি। উমর (রাঃ) হয়তো তার উত্তরের মাধ্যমে বুঝিয়েছিলেন যে খোদা ভীরু মানুষকে খোদার ভয় দ্বারাই বুঝাতে হবে যে, সংসার ধর্মও একটি ইবাদত। এটা হয়তো অন্যরা বুঝতে পারেননি।

মানুষের ইন্দ্রিয়গুলো একই হলেও, এভাবে মানুষের কাজের বা কথার মাঝেও ফারাক আছে। আর ঔষধের গুণের মতই সেই কথা বা কাজের অর্থ শুধু বাহ্যিক দিকটি দিয়েই বুঝা যায় না।

তাই তো, বিখ্যাত সুফি মনসুর হাল্লাজ (রহঃ) ও ফেরআউনের মুখ থেকে একই কথা বের বের হয়েও অর্থে কত পার্থক্য! মনসুর হাল্লাজ (রহঃ) 'আমি খোদা' বলেও খোদা প্রেমিক হিসেবে প্রকাশিত হয়েছিলেন, অন্যদিকে

ফেরআউন একই কথা বলে নিজেকে খোদাদ্রোহী হিসেবে ঘোষণা করেছিলো। হযরত মুসা (আঃ)-এর লাঠি আর তাঁর প্রতিদ্বন্দ্বী যাদুকরদের লাঠি একই রকম থাকলেও সেগুলোর কার্যকারিতা কি একই রকম রকম ছিলো? নবী'র লাঠি থেকে বের হয়া সাপ কি যাদুকরদের লাঠি থেকে বের হওয়া সাপদের গিলে ফেলেনি?

বানরের স্বভাব মানুষকে অনুকরণ করা, মানুষ যা করে, বানরও তা-ই করে দেখায়। তাই বলে মানুষ ও বানরের কাজের উদ্দেশ্যের পিছনে কোন মিল আছে কি?

৩৭) একজন গুরুর খোঁজে

কবিগুরু রুমি বলেছেন- ''যখন কোন ভ্রমনের উদ্দেশ্যে বের হও, এমন কারো কাছ থেকে উপদেশ চেওনা যে কখনো ঘর থেকেই বের হয়নি।''

কথাটি'র গুরুত্ব অপরিসীম। আমাদের চলার পথে অনেকেরই উপদেশ প্রয়োজন পড়ে। আবার এমনো হয়, অনেকে যেচে পড়ে উপদেশ দিয়ে যান। সে সময় দোটানায় পড়তে হয় এই ভেবে যে, কার উপদেশ মানবো আর কারটা মানবো না।

জীবনের সংক্ষিপ্ত কংকরময় পথে কারো না কারো উপদেশ তো মানতেই হবে। আর সঠিক উপদেশ দিতে পারা একজন গুরুকে খুঁজে বের করা পানিতে নুড়ি ছেঁচে হীরা পাওয়ার মতই কঠিন একটি কাজ।
সেই কঠিন কাজটি কয়জন করতে পারে!

৩৮) জীবনের কোলাহল

যখন পুকুরে কোন ঢিল পড়ে, পানিতে প্রবল আলোড়নের সৃষ্টি হয়। প্রথম দিকে সেই আলোড়ন এমনকি পুকুর পাড়ে আছড়ে পড়ে চাতালগুলোকে নাড়িয়ে দিয়ে যায় কখনো কখনো।... সময়ের আবর্তনে সেই মহা ঢেউও তো একসময় স্তিমিত হয়ে আসে। মিলিয়ে যায় পানির গহীন রাজ্যে।

কিনতু, সেই ঢিলের কি হয় যা সেই মহাআলোড়নের সৃষ্টি করেছিলো? তা কি থেকে যায় না সেইসব শিহরন জাগানিয়া ঘটনা-পরিক্রমার চিহ্ন হিসেবে?
এটাই তো জীবন।

৩৯) আপনার বেতন কত?

'আপনার বেতন কত?''...প্রশ্নটি শুনে যুবক আনসারটি মনে হয় লজ্জা পেলো। উত্তরে বললো-''ভাই, জাইনতে পারি কি জইন্যে?''

ছেলেদের বেতন আর মেয়েদের বয়স জিজ্ঞেস করা আমাদের সমাজে ভব্যতার বিরোধী...আমিও এই নীতি মেনে চলার চেষ্টা করি... কিনতু, ফার্মগেটের 'রিক্সা প্রবেশ নিষেধ' সাইনবোর্ডটার উপর হেলান দিয়ে উদাস নয়নে দাঁড়িয়ে থাকা ঐ লোকটিকে কেন যেন প্রশ্নটা করে ফেললাম আজ। হয়তো আনসারদের সম্পর্কে স্বাভাবিক একটি কৌতূহল বোধ থেকেই এই জিজ্ঞাসা করে ফেলা।

যুবকটির প্রশ্নের উত্ত্রে আমি যখন জানালাম আমার কৌতূহলের কথা, তখন মনে হয় সে একটু ধাতস্থ হলো। জানালো যে, এখন তাঁরা ১২,৫০০ টাকা পান, সে সাথে মাসে ২৮ কেজি চাল আর ২৮ কেজি গম দেয়া হয় রেসন হিসেবে। হিসেব কষে দেখলাম, ভালোই তো! তাহলে শুধু শুধু কেন বেচারারা রিক্সাওয়ালাদের কাছ থেকে টাকা-পয়সা নেন প্রায়শঃ-ই!

প্রশ্নটা মনে হতেই আবার শুধালাম- ''আপনি এ নিয়ে খুশি তো?''
''খুশি হইমু না কেন!'' আনসার যুবকের উত্তর। ''কত পোলাপানই তো চাকরী না পাইয়া পথে পথে ঘুরতাসে। তাগোর চেয়ে আল্লাহ তো অনেক ভালা রাখছে আমারে।''

এমন উত্তর আশা করিনি। তাই, কিছুক্ষণ চেয়ে রইলাম তার দিকে। হাত বাড়িয়ে দিলাম হ্যান্ডশেক করার জন্যে। যুবকটি এক গাল হেসে আমার হাতটি ধরলো।

আসার পথে মনে হলো আরো একবার পিছু ফিরে দেখি লোকটাকে। কেন যেন তা করলাম না। মনে মনে তাই ছবি আঁকলাম একজন আনসারের হাঁসি মুখ। হয়তো সে রোদে পোড়া সারা দিনের ডিউটি শেষে ক্লান্ত ঐ সন্ধ্যাবেলায় বেজার মুখ করা কোন যুবক নয় আর এখন।......সে রকমই কোন কিছুর মহান একটি আশা নিয়ে বাড়ির পথে রওনা হলাম হাঁসি মুখে।

৪০) খুশির ভেলা

বলতে পারো, প্রিয়, তোমার আর একজন সাধুর অস্তিত্বের মাঝে ফারাক কোথায়?

একজন সাধু জানেন, আধ্যাত্মিক পথে নিজেকে পরিচালিত করা খোদার সাথে এক মহান দাবা খেলা ছাড়া আর কিছু নয়। আর, সেই প্রিয়তম কি চমৎকার এক চালই না চেলেছেন!

তা বুঝে ফেলে খুশির চাঁদরে ভেসে সাধু হাসিতে ফেটে পড়ে বলেন- ‘আমি আত্মসমর্পণ করছি।‘
অথচ, ওগো প্রিয়, তুমি এখনো ভাবছো, তোমার হাতে আরো অনেক চাল বাকি!
.

[ফার্সী কবি হাফিজের একটি কবিতার ভাবানুবাদ]

৪১) *Law of Association* ও বন্ধুত্ব

পশ্চিমা দর্শন বা ফিলোসফিতে Law of Association বলে একটি কথা আছে। এরিস্টোটল খ্রিষ্টপূর্ব ৩০০ সালে সর্ব প্রথম এ ব্যাপারে ধারণা দেন। বন্ধুত্ব স্থাপনের জন্যে এই কন্সেপ্ট কতটুকু কাজে লাগে? আপনি জানেন কি, আপনার আয় নির্ভর করে কোন ১০ জন আপনার সবচেয়ে কাছের বন্ধু তার দ্বারা? এরমানে এই দাঁড়ায় যে, আপনার জীবনে আপনার বন্ধুদের প্রভাব অপরিসীম।

কি ধরণের মানুষকে আপনি বন্ধু হিসেবে নিবেন? জীবনে আপনাকে সফল হতে হলে, এমন বন্ধু বাছাই করুন যারা আপনার চেয়ে বেশি স্মার্ট, জ্ঞানী কিংবা ধনী। এই বন্ধুদের কাছ থেকেই আপনি পেয়ে যাবেন সঠিক পথের দিকনির্দেশনা, অনুপ্রেরণা আর শক্তি। জীবনের চলার পথে অনেক সময় এমন অনেক বন্ধু পাবেন, যারা আপনাকে চলতে ফিরতে নিরুৎসাহিত করে। তেমনটা কারো মাঝে দেখলে প্রথমে তাকে বদলানোর চেষ্টা করুন প্রথমে, এরপর সাবধান করুন। তাও যদি সে আবারো ঐরকম করে, তাকে নির্দ্বিধায় বন্ধুর লিস্ট থেকে কাট মেরে দিন।

আর, যদি কয়েকজন জ্ঞানী বন্ধু'র সংসর্গ পেয়ে যান, তাহলে আপনাকে পায় কে! তাঁদের কাছ থেকে পাওয়া অনুপ্রেরণা আপনার চলার পথে মণি-মানিক্য স্বরূপ। যখন দেখবেন তাঁদের মাঝের আলো, শক্তি আর দিকনির্দেশনা আপনাকেও অনুপ্রাণিত করছে, ভালো কোন কাজ করতে উৎসাহিত করছে, তখন জীবনভর যে কোন কিছুর বিনিময়ে হলেও সেই বন্ধুকে ধরে রাখুন।
অতীত ও বর্তমানের সফল মানুষেরা তা-ই করেছেন।

৪২) যিনি 'আলিফ'-এ খোদাকে পেয়ে যান, তাঁর কিতাব দিয়ে কি হবে?

২৩৩০ সাল, সকাল ১১টা
মাইদি ভার্চুয়াল ক্লাসরুমে বসে একজন ঐতিহাসিক ব্যক্তিত্বের কথা পড়ছে। ভিডিউটারে তাঁর লেখা একটি কবিতা ভেসে উঠে-

"তুমি বৃন্দাবনে গরু চরিয়েছিলে, লংকাতে বাজিয়েছিলে বিজয়ানাদ ,
তুমি মক্কাতে হাজি রুপে এসেছিলে আবার।
আশ্চর্য, তুমি কত রুপ, কত রং-ই না বদলালে,
এখন তুমি কি লুকিয়ে থাকতে পারবে আর?"

বাহ! খুব সুন্দর কথা! মনে মনে ভাবে ছেলেটি। সে এবারে সেন্ট্রাল কম্পিউটারকে মনে মনে জিজ্ঞাসা করে-
'উনার নাম?'

সামনের ভিডিউটার সাথে সাথে ফ্ল্যাশ করে-
'বুল্লেহ শাহ। আসল নাম সৈয়দ আব্দুল্লাহ শাহ কাদরী(রাঃ)।'

'উনি কে ছিলেন?' আবারো জিজ্ঞাসা করে মাইদি।

'উনি ছিলেন ভারতবর্ষের বিখ্যাত সুফি সাধক যদিও তোমার দেশের অনেকের কাছে অজানা নামটি।'

'উনার উপরের কথাগুলো বোধহয় উর্দু বা হিন্দিতে লেখা কবিতা। লাইনগুলোকে কি কেউ বাংলায় ছন্দাকারে সাজায়নি?'

এবারে স্ক্রিনে ভেসে উঠা মেয়েটি একটু সময় নেয়। তারপর বলে,
'সত্যপথিক শাইয়্যান নামে একজন করেছিলো। কিন্তু, শাইয়্যানের লেখা ভাবার্থে কিছু গণ্ডগোল থাকায় সেটা উনি গোপন করে গেছেন।
যারা ছন্দের কারুকার্য জানে, তাঁদের জন্যে নয় এটা।'

'তবুও, আমি জানতে চাই। তুমি তো জানো আমার এগারো মাত্রার পারমিশন আছে। আমি যে কোন কিছু জানতে চাইতে পারি।'

এবারে স্ক্রিনে ভেসে উঠে সত্যপথিকের লেখা লাইনগুলো-

বৃন্দাবনে গরু চরিয়েছো তুমি, লংকাতে এনেছো বিজয়।
তোমার আগমনে মক্কার ভূমি, হয়ে উঠেছিলো অক্ষয়।
আশ্চর্য হই, কত রূপ যে তোমার, কত রং-ই না বদলাও তুমি,
কোথায় এখন লুকাবে তোমায়, কোন বাগানে থাকবে শুনি?

'হুম, ছন্দে কিছু গণ্ডগোল আছে। যাহোক, বুল্লেহ শাহ সম্পর্কে আরো কিছু তোমার তথ্য ভান্ডারে আছে কি?'

'আছে। উনার সম্পর্কে একটা মজার কাহিনী আছে

উনি ছোটবেলায় পড়া-লেখায় খুব অমনোযোগী ছিলেন। তা দেখে উনার বাবা একটি মক্তবে পাঠান যদি অন্যান শিক্ষার্থীদের সাথে থেকে কিছু শিখতে পারেন উনি। কিন্তু, বিধি বাম! একদিন শিক্ষক দেখতে পান, শিশু বুল্লেহ শাহ শুধুই আলিফ নিয়েই আছেন, অন্য দিকে অন্যান্য শিক্ষার্থীরা আরবী বর্ণমালা শিখা শেষ করে কায়দা ধরে ফেলেছে! শিক্ষক খুব রাগান্বিত হয়ে তাঁকে বাড়ি পাঠিয়ে দিলেন।

অগত্যা, বুল্লেহ শাহের পিতা অন্য এক শিক্ষকের কাছে পাঠালেন পড়া শিখতে। সেখানেও ঐ একই অবস্থা! উনি 'আলিফ'-এর বেশি শিখতে পারলেন না। শিক্ষক জানালেন যে ছাত্রের মাথায় কিচছু নেই।

ওদিকে বুল্লেহ শাহ'রও এসব ভালো লাগছিলো না। তাই, তিনি জঙ্গলে পালিয়ে গেলেন একদিন। সেখানে গিয়ে হলো এক মহাবিপত্তি! যেদিকেই তাকান শুধুই 'আলিফ'! গাছ-পালা, লতা-পাতা, পাহাড়-পর্বত, পশু-পাখি, যেদিকেই তাকান, সবই আলিফ-এর রুপ নিয়ে তাঁর কাছে উপস্থিত হয়। তাই দেখে একদিন তিনি গেয়ে উঠেন-

'আমি পেয়েছি, আমি পেয়েছি, সদ্গুরুতে অরূপ আল্লাহকে সরূপে আমি পেয়েছি'

এবারে তিনি নিজের পুরোনো শিক্ষকের কাছে ফিরে গেলেন। বললেন-
'আপনি মেহেরবানী করে আমাকে পাঠ শিখতে দিয়েছেন।
আপনি যা শিখিয়েছিলেন, আমি তা আয়ত্বে এনেছি।'

শিক্ষক তাচ্ছিল্য ভরে বললেন- 'লেখো দেখি দেয়ালে যা শিখে এসেছো তুমি'

বুল্লেহ শাহ দেয়ালে লিখলেন- 'আলিফ'।

সাথে সাথে ঐ দেয়াল ভেঙ্গে পড়লো!

শিক্ষক হতবাক হয়ে বললেন-
'আজ থেকে তুমিই আমার শিক্ষক। এক আলিফ অক্ষর দিয়ে তুমি যা শিখেছো, আমি সারা জীবনের শিক্ষা দিয়েও তা শিখতে পারিনি।'

ভিডিউটারের মেয়েটি বলে উঠে-
'উনার লেখা একটি গান শুনবে, মাই্দি?'
'শুনাও।'
স্ক্রিনে ভেসে উঠা গানটি শুনতে শুনতে ভাবনার অতলে হারিয়ে যায় মাইদি।

৪৩) খোদা কোথায়?

আমি খোদার খোঁজে খ্রিষ্টানদের ক্রসের কাছে গেলাম
......কিন্তু, সেখানে তাঁকে পেলাম না।
.
আমি মক্কায় মুসলমানদের ক্বাবাতে গিয়েছিলাম
...কিন্তু, তিনি সেখানেও ছিলেন না।
.
আমি ইহুদীদের বহু পূরানো সিনাগোগে গিয়েছি,
সেই সাথে হিন্দুদের প্রতিমায় ভরা মন্দিরেও,
......কিন্তু, আমি প্রভুর খোঁজ কোথাও পেলাম না!
.
আমি আলেম আর দার্শনিকদের শুধালাম......
কিন্তু, খোদা ছিলেন তাঁদের বোধের সীমানারও অনেক বাইরে!
.
আমি এরপর নিজের অন্তরের অন্তঃস্থলে উঁকি দিলাম,
আর আমি দেখতে পেলাম......
তিনি সেখানেই বাস করছেন!
.
খোদাকে এছাড়া আর কোথাও পাওয়া যায় না যে!
.
মূলঃ শেখ রুমী

৪৪) নিয়তিকে কাছে টানা খুবই সহজ

হাজারো মাইলের যাত্রা একটি মাত্র পদক্ষেপ দিয়েই শুরু হতে হয়।
মনে রাখতে হবে, অন্যের উপর ছড়ি ঘুরানো একটি শক্তি। কিন্তু, নিজের উপর ছড়ি ঘুরানো? এটি একটি ক্ষমতার পরিচায়ক।

তোমার চিন্তাগুলোর উপর লক্ষ্য করো,
সেগুলো কিভাবে কথায় রূপান্তরিত হয়।

তোমার কথাগুলোর উপর লক্ষ্য করো,
সেগুলো কিভাবে কার্যে পরিণত হয়।

তোমার কাজের দিকে লক্ষ্য রাখো,
সেগুলো কিভাবে অভ্যাস হয়ে যায়।

তোমার অভ্যাসগুলোর দিকে দৃষ্টি দাও,
সেগুলো কিভাবেই না চরিত্রে পরিণত হয়।

তোমার চরিত্রের দিকে মননিবেশ করো,
এটাই তোমার নিয়তি হয়ে যায়।
+++++++
মূলঃ লাও ঝু
+++++++++++

৪৫) আজ রাতে, আপনার কাছে আছে কি কোন সমস্যা সমাধানের অপেক্ষায়?

খুব বেশি দিন আগের কথা নয়। শিক্ষক হিসেবে এলাকায় আমার খুব নাম-ডাক। একদিন এক মধ্যবয়সী ভদ্রলোক তাঁর ছেলেকে আমার কাছে রেখে গেলো। ছোকরাটি কেমন যেন ভিতু ধরণের। রাতেরবেলা নিজের ঘরে দ্বিধা আর ভয়ে সে প্রকম্পিত হতো। আর, যখন সকালবেলায় তাকে দেখা যেতো, তখন কখনো কখনো তাকে দেখে মনে হতো তাকে বুঝি কোন ভূত ধর্ষণ করেছে।

এরপর একদিন, তার প্রতি আমার কৃপা হলো-
আমার ঐশ্বরিক তলোয়ার থেকে তাঁর জন্যে একটি ছুরি তৈরী করে দিলাম।

তারপর থেকে, সেই ছাত্রটির জন্যে আমি গর্বিত বোধ করি।
এখন যখন রাত আসে, সে ছাত্রটি শুধু তার ভয়গুলোকেই পিছু ফেলেনি,
সে আজ বাইরে বের হয়-
কোথাও কোন সমস্যা আছে কিনা তা খুঁজে বের করার জন্যে।

[মহান কবি হাফিজের স্মরণে কয়েকটি লাইন]

৪৬) কে উঁচু মানের মানুষ?

ধরুন, দু'জন গুণী ব্লগারের সাথে আপনার পরিচয় হলো। তাঁদের লেখা আপনি কোন ব্লগে পড়ে থাকেন। কিন্তু, এই দু'জনের মাঝে কে বেশি ভালো তা কিভাবে বুঝতে পারবেন? গুণ বিচারে কে অধিকতর সম্মান পাবার যোগ্য তা বোঝার উপায় কি?

কিন্তু, আপনি যদি কৌশলী একজন মানুষ হয়ে থাকেন,
তাহলে, বুঝতে পারবেন, সেই দু'জনের মাঝে কে বড় আর কে অপেক্ষাকৃত কম অভিজ্ঞতাসম্পন্ন।

এই দু'জনের মাঝে যার জ্ঞানের ভান্ডারটা একটু খালি,
তাকে প্রায়শই লেখায় বিরতি দিয়ে কল্পনার ফানুশ ঊড়াতে দেখা যাবে। হতাশায় মোড়া তার অভিব্যক্তি আর পোস্ট, আপনাকেও হতাশ করে দিবে।

অন্যদিকে, একজন গুণী ব্লগার,
অন্য কাউকে আঘাত তো করবেনই না, নিজের প্রতিও অবিচার করা থেকে দূরে থাকবেন।
বরং,
তিনি ব্লগময় ছড়িয়ে দিতে থাকব্েন ....আলো!

অবশ্যই মানুষের গুণের কোন সীমা-পরিসীমা নেই। এটাও ঠিক, প্রত্যেকটি মানুষেরই ইউনিক আইডেন্টিটি আছে।

কিন্তু, কর্মক্ষেত্রে যখন সবাইকে নামতে হয়, তখন আমাদের কর্মই আমাদের আলাদা করে দেয়।

ধরুন, একজন ভিক্ষুককে যে যার সামর্থানুযায়ী সাহায্য করলো। কেউ নিজের পকেটে থাকা ১০০ টাকার চার ভাগের ১ ভাগ দিলো, কেউ দিলো অর্ধেক। অন্য কেউ একজন পকেটে থাকা ১০ টাকার পুরোটাই দিয়ে দিলো।

কাকে বেশি দয়াবান বলবেন? যে ১০০ টাকার অর্ধেক অর্থাৎ ৫০ টাকা দিলো, তাঁকে? নাকি, যে নিজের পকেটের ১০ টাকার পুরোটাই দিয়েছেন, তাঁকে?

৫০ টাকার চেয়ে ১০ টাকা কম। কিন্তু, দয়া দেখানোর দিক থেকে যিনি ১০ টাকা দিয়েছেন, তিনিই বেশি দয়াবান নন কি?

ইউনিক হওয়া সত্ত্বেও আমাদের কর্মই আমাদের মাঝে পার্থক্য করে দেয়। আমাদের কর্মই আমাদের নির্ণায়ক।

মহান ফার্সী কবি হাফিজের ছায়াবলম্বনে

৪৭) মনের মাঝে লুকিয়ে থাকা হাত পাখা

তোমার আর আমার মাঝে শুধুই স্বচ্ছ কাঁচ। ভেবে দেখো, আমার ভালোবাসা কতই না নির্ভেজাল!

তুমি হয়তো শুনে থাকবে, আমাদের মনের মাঝে এমন একটি জানালা আছে যা আমাদের মাঝে সদা বহমান চিন্তাগুলোকে একের সাথে অন্যকে পরিচয় করিয়ে দেয়।

অথচ, যদি তোমা আমার মাঝে কোন দেয়ালই না থাকে, তাহলে সেই জানালা আর তার খিড়কীটা কোথায় লাগাবে, শুনি?

৪৮) আলোক বর্তিকা হাতে মানুষদের রত্নসম্ভারে আজকের রাত

চেয়ে দেখো কিভাবে প্রতিটি অণুকণা ঘুরে বেড়াচ্ছে। চেয়ে দেখো, কিভাবে প্রত্যেকে শত ক্রোশ পাড়ি দিয়ে এখানে এসে পৌঁছেছে, কেউবা হয়তো শত ক্রোশ ওপার হতেও আমাদের এই ব্লগ রাজ্যে জোড়ো হয়েছে। চেয়ে দেখো, কিভাবেই না প্রত্যেকের চাহিদা ও লেখার স্টাইল ভিন্ন। চেয়ে দেখো, কিভাবে এই দেশে আসার আগে তাঁদের বিকালের খাবারের চাহিদাটা ভিন্ন ছিলো।

বুঝে দেখো, কিভাবে এই ভূমির কত তারারা আজ ম্রিয়মান। তাঁদের অনেকে আমাদের ছেড়ে চলে গিয়েছেন, কেউবা থেকেও আমাদের মাঝে নেই। বুঝে দেখো, কিভাবে সেই তারাদের ছাপিয়ে কত সূর্য আজ আমাদের মাঝে উদিত হয়েছে, আর কিভাবে তাঁদের শত শহস্র লেখা জমে জমে বিশাল এক লেখার সম্ভারে পরিণত করেছে আমাদের এই প্রিয় দেশটিকে!

অনুভব করে দেখো, কত মানুষ আজ রাতে সব পাঠকের চাহিদা মতো নিজেদের বহু কষ্টসাধ্য বিশেষ লেখাগুলো সাজিয়ে উপস্থাপন করার প্রস্তুতি নিচ্ছে। অনুভব করে দেখো, আমার এই লেখাটি কিভাবে সেই লেখার সমুদ্রকে ধরে রেখেছে। অনুভব করে দেখো তাঁদের অভিব্যক্তিগুলো যারা এই লেখাগুলো পড়ছেন।

পর্যবেক্ষণ করে দেখো, একজন সমালোচকের চোখ দিয়ে এই সকল লেখাগুলোকে, যার একেকটি অমূল্য রত্নের সম্ভার।

৪৯) কুহু ডাকে আলোর খোঁজে ভেসে যাওয়া পথিক

আলোকমালা তো সকল সময় একে-অপরের বন্ধু। তারপরো, কেন তুমি খোদার কাছে ব্যাকুল হয়ে নিজেকে নিবেদন করছো না!' - এই কথাগুলো এমনকি হাজার বছর পরে হলেও, যাদের প্রতি বলা হয়েছে, তাঁদের কাছে ঠিকই পৌঁছে যাবে।

শোক করো না, যদিবা অন্ধকার প্রলম্বিত হয়। সদা-সর্বদা মনে রাখবে, অন্ধকার দীর্ঘায়িত হলে, আলোকচ্ছটার ক্ষেত্রেও তা-ই হবে। রাত যখন ভারী হয়, বিছানা ছেড়ে উঠে পড়ো, নিজেকে নতজানু করে দাও দু'বার।

প্রয়োজন!

নিজ অধরকে ধুলায় লুটিয়ে দিয়ে চোখের পানিতে মেঝে ভাসিয়ে দাও।

.

আকাশ আর ঘুরন্ত গোলকের চেয়েও আমাদের হৃদয়ের পরিধি অনেক বড়। তারপরেও কেন তুমি তাকে অহেতুক চিন্তা আর সন্দেহের দোলাচলে বেধে রেখেছো! শুধু শুধু কেন এই মনোরম বিশ্বকে তোমার সংকুচিত কারাগারে পরিণত করেছো!

.

চেয়ে দেখো,

সুখী তো সে-ই যার চোখ দু'টি ঘুমিয়ে পড়ে, কিন্তু, তাঁর হৃদয়খানি সদা জাগ্রত। আর, সেই ব্যক্তিই তো দূর্ভাগা, যার নয়নজোড়া সর্বদা খোলা থেকেও, হৃদয়টা ঘুমন্ত।

৫০) আজকের দিনে দিচ্ছি এই ভাবনা,
নিজের চোখ জোড়ার মাঝেই নিজেকে খুঁজে ফেরো না!

যারা শূণ্যতার মাঝে নিজ হাত দু'টোকে মেলে ধরে, তারা কোনটা মিথ্যা আর কোনটা সত্য, কোনটা মন আর কোনটাই বা তাঁদের আত্মা, কিংবা বিছানার কোন দিক দিয়ে উঠে তাঁরা পরবর্তী গন্তব্যের উদ্দেশ্যে পা বাড়ায়, সে সম্পর্কে থোরাই কেয়ার করে থাকে। কারণ, তখন তাঁরা এ সকল কিছু'র উর্ধে চলে যায়। তুমি কি মনে করো তুমি এখনো তোমার মাঝে আছো যদি এখনো বুঝে না থাকো আমি কি বলতে চাচ্ছি?

তুমি তো তার কাছেই নিজের আত্মাকে সঁপে দিয়েছো যে সেটার দায়িত্ব নিতে রাজি না হয়ে বলে, 'আমার কাছে নয়, এটাকে অপর পক্ষের নিকট নিয়ে যাও।' আসলে তুমি কিন্তু পক্ষপাতহীন এক জীব! যদিও, যারা তোমাকে ভালোবাসে, তাঁরা তোমাকে যে কোন একটি পক্ষের অনুগামী হিসেবে দেখতে চায়।

তোমার কি মনে আছে, তুমি যখন বলেছিলে- 'ইল্লা', 'শুধুমাত্র খোদা', তখন তোমার ঐ ক্ষুধার্থ চোখ জোড়া অবাক বিস্ময়ে চেয়ে দেখেনি সে 'শুণ্য', লা-এর মাঝে বিরাজ করছে? তুমি কি বুঝতে পেরেছিলে তুমি এমন এক শিল্পী যে- অস্তিত্ব আর অস্তিত্বহীনতা, দুটোই আঁকতে পারো?

আমার গুরু হয়তো তোমাকে দেখাতে পারতেন তুমি আসলে কে। কিন্তু, এ কথাটা সর্বদা মনে রেখো, তোমার এই চোখ জোড়াই তুমি নও।

৫১) পথিক, ঐ দুর্গম পথ তোমারই জন্যে, যদি হতে চাও অক্ষয়

নিজের সীমানা ছেড়ে তোমাকে বেরিয়ে পড়তে হবে। দূরে কোথাও অজানা পথের ওপারে কোন অচেনা নগরী তোমায় হাতছানি দিয়ে ডাকছে। বেরিয়ে পরার এটিই যে উপযুক্ত সময়! তবু কেন তুমি চিন্তার অতল গহ্বরে নিজেকে ঠেলে দিচ্ছো!

আমার কথাই একবার ভেবেই দেখো না! আমাকে এমন একটি পানীয় পাত্র দেওয়া হয়েছে যা থেকে সুরুজের ঝর্ণাধারা বিচ্ছুরিত হচ্ছে। আমি সেই বন্ধু দ্বারা আলিঙ্গনে আবদ্ধ যে আমায় এই জীবন তো বটেই, পরবর্তী জীবনেও কাছে থাকবে। কস্তূরী'র সুগন্ধী'র ভিতর অম্বরের মনকাড়া ঘ্রাণের সাথেই এর একমাত্র তুলনা! তবু কেন যে আমার প্রাণ-ময়না মিষ্টি স্বাদ আস্বাদনে উত্তেজিত। দেহের আবদ্ধ কাঠামো থেকে ডানা ঝাপটে বেরিয়ে সে সূর্যের বন্ধ দ্বার খোলার আপ্রাণ চেষ্টায় মগ্ন! তুমি কি সেই বাজার দেখোনি যেখানে সিদ্ধ করা মাথা বিক্রি হয়? আত্মার এই ছটফটানি অনেকটা সেই রকমই, ভিতর-বাহির সব একই সাথে দেখে ফেলার এই-ই পন্থা!

টরাসের সংকেত দেখে গাধা দিক-হারা হয়ে ঘুরে বেড়ায়। যুদ্ধের সময় বীরেরা খুব বেশি সময় সারিবদ্ধ অবস্থায় থাকেনা। আমি রুমীকে কাছে পাওয়ার উদ্দেশ্যে চেনা পথ ছেড়েছি, যদিও আমার নঙ্গর বাঁধা এপার বাংলাতেই।

====
রুমী
=======

৫২) পরমাণু চিন্তাঃ ভালোবাসার নগ্নতায় পরিবর্তনের আহবান

ভালোবাসা সাগরে ভেসে আসে, আমি ভয়ে চিৎকার দিয়ে উঠি। ভালোবাসা আমার কাছে এসে হাতে হাত ধরে বসে, এ যেন নিজেকে উজাড় করে দেওয়া আত্মসমর্পন। ভালোবাসা তার সকল বাঁধন দূরে ফেলে নিজের রেশমী কাপড়ের আচ্ছাদনটি খুলে আমার কাছে ধরা দেয়।

আমার হতবাক দৃষ্টি চেয়ে দেখে, আমাদের এই নগ্নতা আমাকে চিরদিনের জন্যে কিভাবে যেন পরিবর্তিত করে দিয়েছে!

৫৩) সময়ের সাথে গা মিলিয়ে একটু নির্জনতা

কোনটি বেশি মূল্যবান, হাজারো মানুষের ভিড়, নাকি নিজেকে ফিরে পাওয়া একটুকু নির্ভেজাল নির্জনতা? নিজ স্বত্বার মুক্তি, না পুরো জাতির উপর ক্ষমতা?

সময়ই তোমাকে বলে দিবে যে, নিজের কক্ষে একলা কিছুক্ষণ থাকাটা তোমাকে অন্য যে কোন কিছু'র চেয়ে বেশি ফল এনে দেয়।

সেই নির্জনতা তোমার আত্মাকে দেহ থেকে মুক্ত করে দিবে। তখন তুমি দেখতে পাবে, তোমার মতই পালিয়ে যাওয়া সেই মানবাত্মাগুলোকে যারা এভাবে পলাতকদের খুঁজে বেড়াচ্ছে। তাঁদের হৃদয় একে-অপরের সাথে এমন ভাবে যুক্ত যা তাঁদেরকে নিজ মিথ্যা স্বত্বা থেকে মুক্তি দিয়ে সদা জাগ্রত সত্য স্বত্বার দিকে ধাবিত করেছে।

হয়তো নিজেকে ফিরে পেতে সে সময়ে কিছু দিনের জন্যে তোমাকে এখানে-ওখানে হন্যে হয়ে ঘুরে বেড়াতে হবে। কিন্তু, সেই সময়টা পার হলেই তুমি নিজেকে একজন হাস্যজ্জ্বল মাতালের মতো আবিষ্কার করবে সেই পলাতক মানুষদের দলে।

পিপাসা কাতর মানুষ চিরটা কাল নিজ পিপাসায় মৃত্যুবরণ করে। পাপিয়াকে তো মাঝে মাঝে বনে গান গাওয়ার জন্যে সাজানো বাগান থেকে উড়ে চলে যেতেই হয়!

৫৪) যে চুমু আমাদের প্রাপ্যের খাতায় অপেক্ষায়

বর্ণিল এই জীবনে মাঝে মাঝে এমন হয় যে একটা চুমু পাওয়ার জন্যে কিংবা একটা আত্মার ছোঁয়া পাওয়ার তাগিদে পুরো জীবনটা দিয়ে দিতে পারি! সমুদ্রের পানি কি ঝিনুককে তার অমূল্য রত্ন বের করে দিতে বলবে না! লিলি ফুলটার দিকে তাকিয়েই দেখো না! কিছু বন্য প্রিয়েকে কাছে পাওয়ার জন্যে তার সে কি আকুতি!

রাত্রিবেলা, আমি দরজা বন্ধ করে জানালা খুলে চাঁদকে বলি- "এসো হে প্রিয়, তোমার মুখটা আমার গালে চেপে ধরো! তোমার সুগন্ধি ভরা মুখ থেকে আমাকে নিঃশ্বাস নিতে দাও!"

যবে থেকে বুঝেছি যে চাঁদ জানালা দিয়েই ঘরে প্রবেশ করে, দরজা দিয়ে নয়, সেদিন থেকে আমি শব্দের দরজা বন্ধ করে ভালোবাসার জানালাগুলো খুলে দিয়েছি।

হে বন্ধু, একত্বতার অন্তহীন পথে নিজেকে আমার সাথে জড়িয়ে রাখো। বিচ্ছিন্ন হয়ে ঘুমের অতল গহ্বরে নিজের স্বত্বাকে ঠেলে দিয়ো না। 'আমরা সদা জেগে থাকবো'- এই শর্তই কি আমাদের বন্ধুত্বের ভিত্তি নয়!

৫৫) এই দুনিয়ায় আছে হরেক রকমের মদ,
সাবধানে যদি বেছে না নাও, করবে তোমায় অবোধ!

খোদা কালো মদটাকে এতোটাই ক্ষমতাশালী করে পাঠিয়েছেন যে, তা পান করে আমরা দু'টি জীবনকেই ত্যাগ করি। অন্যদিকে, খোদা হাশিশের মাঝে দিয়েছেন এমন এক ক্ষমতা যা আমাদের আত্মপলব্ধি'র সীমা রেখাকে বুঝতে সাহায্য করে। আর, ঘুমকে খোদা তৈরী করেছেন এমন করে যেন তা প্রতিটি চিন্তাকে মুছে দিতে পারে। খোদা মজনুকে এমন ভাবে বানিয়েছেন যে লায়লার কুকুরের শত ঘেউ ঘেউ ডাকও তার ভালোবাসার মাঝে কোন দ্বিধা তৈরী করতে পারে না।

এ নশ্বর পৃথিবীতে হাজারো রকমের মদ রয়েছে যা আমাদের মাথা ঘুরিয়ে দিতে পারে। তাই বলে এটা ভেবো না যে, এগুলোর প্রত্যেকেটী আমাদের সমান আনন্দ উপহার দেয়! নিজেকে জিজ্ঞাসা করে দেখো তো, ঈসা যে সময়ে খোদার ভালোবাসায় নিজেকে বিলীন করে দিয়েছিলেন, তখন তাঁর গাধাটি বার্লির গামলায় বুঁদ হয়ে থাকেনি?

খোদার ভালোবাসায় হারিয়ে যাওয়া সাধুরা যখন তোমার সামনে এসে উপস্থিত হোন, তখন শুধু তাঁদের দেওয়া পানীয়ের পেয়ালাতেই চুমুক দাও, অন্য কারো কাছ থেকে নয়। মনে রেখো, প্রত্যেকটি বস্তু, প্রতিটি জীব আমোদের একেকটি পাত্র। রস পান করার ক্ষেত্রে একজন দক্ষ পন্ডিত হিসেবে নিজেকে তৈরী করো, আর সাবধানতার সাথে মদ বাছাই করে তার স্বাদ নাও।
যে কোন মদই তোমাকে মাতালতার চরম সীমানায় নিয়ে যেতে পারে। অনেকগুলোর মাঝ থেকে একটিকে বাছাই করে নেওয়ার বেলায়, একজন বিচক্ষণ রাজার মতো সব কিছু বিচার করে সবচেয়ে খাঁটিটি হাতে তুলে নাও। সেই মদটি গলায় ঢালো যা নির্ভেজাল ভীতি তৈরী করে কিংবা 'এই মুহুর্তে কি করা প্রয়োজন' সে সম্পর্কে তাড়না জাগায়।
সেই মদটিই পান করো যা তোমাকে জাগিয়ে তুলে সামনে বাড়তে সাহায্য করবে, ঠিক যেমন একটি উট একত্ত্বের আভিজাত্যে ধীর পায়ে সামনে এগিয়ে যায়।

৫৬) জ্ঞানী'র আলো যবে নেয় স্বপ্নিল কোন আকার, সবুজেরা জেগে উঠে দূর করে সব অন্ধকার!

যারা জ্ঞানী আর যারা জ্ঞানহীন, তারা কি সমান হতে পারে? জ্ঞানীদের মর্যাদা কতই না উচ্চে! জ্ঞানের মর্যাদা এতোই অসামান্য যে তা অমর্যাদাকর স্থানে অবস্থানকারীদেরও রাজা-বাদশাহদের স্থানে বসিয়ে দিতে পারে। প্রকৃত জ্ঞানী ব্যক্তি মানুষের প্রয়োজন মেটাতে সচেষ্ট থাকে বলে সমাজের মানুষও তাদের দ্বারস্থ হয়, তাঁদের দেওয়া উপদেশ শিরোধার্য করে। জ্ঞানী মানুষেরা এতোটা সম্মানের অধিকারী এবং তাঁদের জ্ঞান এতোটাই প্রয়োজনীয় যে, পুরো একটি গোষ্ঠীর মৃত্যু একজন জ্ঞানীর মৃত্যুর চেয়ে কম ক্ষতিকর। তাই তো জ্ঞানীদের কলমের কালির সাথে শহীদের রক্তের তুলনা করা হয়েছে। শেষ বিচারের দিন জ্ঞানীরা শহীদদের অগ্রে স্থান পাবেন।

যারা জ্ঞানী তাঁদেরকে স্বয়ং সৃষ্টিকর্তাও পছন্দ করেন। জ্ঞানী সেই দুই শ্রেণীর মানুষের মাঝে একজন যিনি বিপথে গেলে সাধারণ মানুষও বিপথে চলে যায়। তাই তো, জ্ঞানীদের জ্ঞান এতোটাই মূল্যবান। তাঁদের মূল্য এতোটাই বেশি যে এমনকি তাঁরা প্রার্থনাকারীদের চেয়েও উপরের স্তরের মানুষ। কারণ, জ্ঞান ছাড়া প্রার্থনা গ্রহণযোগ্যতা পায় না।

জ্ঞানী ব্যক্তিদের সাথে সম্পর্ক রাখা সাধারণ মানুষের জন্যে খুবই জরুরী। তা শুধু তাঁদের জ্ঞানের আলো থেকে উপকৃত হবার জন্যে নয়। এর আসল কারণ, জ্ঞানী ব্যক্তিরা শেষ বিচারের দিন সৃষ্টিকর্তার কাছে সুপারিশ করার ক্ষমতা পাবেন। নিজের জ্ঞানের ক্ষমতা বলেই একজন জ্ঞানী সমগ্র মানবজাতির শত্রু শয়তানকে পরাভূত করার ব্যাপারে হাজার প্রার্থনাকারীর চেয়ে বেশি ক্ষমতাবান। শুধু তা-ই নয়, ইতিহাস বলে নিজের জ্ঞানের চাদরে সওয়ার হয়ে একজন জ্ঞানী ব্যক্তি বাদশাহদেরও শাসক হয়ে যেতে সক্ষম হোন।

আগের কালে এমন একটা সময় গিয়েছে যখন জ্ঞানীর সংখ্যা বেশি ছিলো এবং বক্তার সংখ্যা কম ছিলো। অথচ, আজ আমাদের এমন একটা সময় যাচ্ছে যখন জ্ঞানীদের চেয়ে বক্তার সংখ্যা বেশি। তাই তো, প্রকৃত জ্ঞানীরা সব সময়ই কম কথায় আগ্রহী।

কি জ্ঞান সর্বাপেক্ষা উত্তমঃ
জ্ঞানীর প্রকৃত সম্মান পেতে এটা জানা খুব জরুরী যে কি ধরণের জ্ঞান মানুষকে সেই উচ্চ মর্যাদায় আসীন করে। কি সেই জ্ঞান যা আহরণ করলে আমরা শহীদদের চেয়েও উচ্চ আসনে আসীন হতে পারবো?

সে জ্ঞান হচ্ছে এমন জ্ঞান যা আমাদের সৃষ্টিকর্তার স্বরূপ সম্পর্কে জ্ঞাত করে।

এ জ্ঞান কি সবার জন্যে?

একমাত্র জ্ঞানী মাত্রই জানেন, সবার জন্যে সব জ্ঞান নয়। যারা যোগ্য নয়, তাদেরকে সেই জ্ঞানের কথা শোনানোর ব্যাপারে মানা আছে। যে ব্যক্তি অযোগ্যদের জ্ঞানের কথা বলে, সে মূর্খ। যার যে জ্ঞান শোনার বা বুঝার ক্ষমতা নেই, তাকে সে জ্ঞান দেওয়া সেই লোকের জন্যে বিপদ ডেকে আনারই নামান্তর। পক্ষান্তরে, যারা যোগ্য, তাঁদের কাছ থাকে জ্ঞান লুকিয়ে রাখা অন্যায়।

সেজন্যে, জ্ঞান বিতরণের আগে শ্রোতার যোগ্যতা নিরূপণ করা খুব জরুরী।

[ইমাম গাজ্জালী (রহঃ)-এর এহইয়াউ উলুমিদ্দীন অবলম্বনে]

৫৭) মনের ভিতর আছে যা, বাহিরেও কি আছে তা?

জ্ঞানতাপস আল্লামা জালালুদ্দিন রুমী (রহঃ) বলেছেন, ''প্রত্যেক বস্তুর মধ্যে তার গুণ লুকিয়ে থাকে; যেমন বিভিন্ন ঔষধের মাঝে তার উপকারিতা লুকানো রয়েছে।''

প্রত্যেকটি সৃষ্ট বস্তুরই একটি বাহ্যিক এবং আরেকটি অদৃষ্ট বৈশিষ্ট্য রয়েছে। একটি ঔষধের বাহ্যিক আকার বা আবরণ দেখে তার কার্যকারিতা বুঝতে পারা যায় কি, বলে দেয়া যায় কি তা কোন রোগের প্রতিকার করবে? ঠিক তেমনি একটি গ্ল্যাসিয়ার দেখলেও বুঝা যায় না তা কত অংশ পানির উপর আর কতটুকু নিচে, তার বরফের বহিরাবরণ কতটুকু শক্ত।

মানুষও ঠিক এমনই। পাঁচটি বাহ্যিক ইন্দ্রিয় দ্বারা গঠিত মানব দেহ দেখে কে বলবে বিভিন্ন মানুষের কাজে রয়েছে বিভিন্ন অর্থ! একজন মানুষের সাথে আরেকজন মানুষের এই যে ফারাক, তা কিভাবে বিশ্লেষণ করা যায়? প্রশ্ন থাকতে পারে, এই বিশ্লেষণের প্রয়োজন কোথায়? একটি উদাহরণ দেই।

একবার এক মহিলা খলিফা হযরত উমর (রাঃ)-এর দরবারে এসে বললেন যে, তার স্বামী রাত-দিন শুধু আল্লাহর ইবাদত করেন।

তা শুনে হযরত উমর (রাঃ) বললেন- ''কি খোদা ভিরুই না তোমার স্বামী।''

মহিলাটি তা শুনে চলে গেলে, এক বেদুঈন উঠে উমর (রাঃ) বললো, মহিলাটি তো তার স্বামীর প্রশংসা করতে আসেনি। সে এসেছিলো তার স্বামী'র বিরুদ্ধে অভিযোগ জানাতে, কারণ, সে সংসারের প্রতি উদাসীন।

তখন উমর (রাঃ) মহিলাটিকে আবার ডাকতে বলে বললেন, ''তুমি ঠিকই বলেছো।'' মহিলাটি লজ্জায় হয়তো সরাসরি স্বামীর উদাসীনতা সম্পর্কে জানাতে অপারগ হয়ে অন্য কথার মাধ্যমে তা জানাতে চেষ্টা করেছিলো, হযরত উমর (রাঃ) হয়তো তা ঠিক বুঝতে পারেননি অথবা এমন ভাবে কথার উত্তর দিয়েছিলেন যা মহিলাটি বা উপস্থিত কোন কোন মানুষ তা বুঝে উঠতে পারেননি। উমর (রাঃ) হয়তো তার উত্তরের মাধ্যমে বুঝিয়েছিলেন যে খোদা ভীরু মানুষকে খোদার ভয় দ্বারাই বুঝাতে হবে যে, সংসার ধর্মও একটি ইবাদত। এটা হয়তো অন্যরা বুঝতে পারেননি।

মানুষের ইন্দ্রিয়গুলো একই হলেও, এভাবে মানুষের কাজের বা কথার মাঝেও ফারাক আছে। আর ঔষধের গুণের মতই সেই কথা বা কাজের অর্থ শুধু বাহ্যিক দিকটি দিয়েই বুঝা যায় না।

তাই তো, বিখ্যাত সুফি মনসুর হাল্লাজ (রহঃ) ও ফেরআউনের মুখ থেকে একই কথা বের বের হয়েও অর্থে কত পার্থক্য! মনসুর হাল্লাজ (রহঃ) 'আমি খোদা' বলেও খোদা প্রেমিক হিসেবে প্রকাশিত হয়েছিলেন, অন্যদিকে ফেরআউন একই কথা বলে নিজেকে খোদাদ্রোহী হিসেবে ঘোষণা করেছিলো। হযরত মুসা (আঃ)-এর লাঠি

আর তাঁর প্রতিদ্বন্দ্বী যাদুকরদের লাঠি একই রকম থাকলেও সেগুলোর কার্যকারিতা কি একই রকম রকম ছিলো? নবী'র লাঠি থেকে বের হয়া সাপ কি যাদুকরদের লাঠি থেকে বের হওয়া সাপদের গিলে ফেলেনি?

বানরের স্বভাব মানুষকে অনুকরণ করা, মানুষ যা করে, বানরও তা-ই করে দেখায়। তাই বলে মানুষ ও বানরের কাজের উদ্দেশ্যের পিছনে কোন মিল আছে কি?

৫৮) বুদ্ধিমানদের নিয়ে কথকতা

হযরত আলী (রাঃ) বলেছেন, ''বুদ্ধিমানেরা কোনো কিছু প্রথমে অন্তর দিয়ে অনুভব করে, তারপর সে সম্বন্ধে মন্তব্য করে। আর নির্বোধেরা প্রথমেই মন্তব্য করে বসে এবং পরে চিন্তা করে।''

মহাকবি শেখ সাদি বলেছেন, ''আগুন্তকের কোন বনধু নেই, আরেকজন আগুন্তক ছাড়া।''

এ দু'টি বাণী'র মাঝে মিল খুঁজে বের করার চেষ্টা করছি সেই কখন থেকে। দুই ভিন্ন সময়ে, দুই ভিন্ন মানুষের দেওয়া এ বাণীগুলোর মাঝে কি যেন একটা মিল আছে। বের করতে পারছি না। খুব বড় একটা পাজল। ঘুমাতে যেতে ইচ্ছে হচ্ছে না এই পাজল মাথায় নিয়ে।

আচ্ছা, এভাবে যদি বলি, বুদ্ধিমানেরা হচ্ছে সেই আগন্তক যাদের কোন বনধু নেই আরেক জন বুদ্ধিমান ছাড়া......এভাবে লেখা যাবে কি? বুঝতে পারছি না। তাই, মহামতি লেখক সৈয়দ মুজতবা আলী'র মতই বলতে হচ্ছে-

“হায়, আমার মাথার চর্তুদিকে যদি চোখ বসানো থাকত, তাহলে আচক্রবালবিস্তৃত এই সুন্দরী ধরণীর সম্পূর্ণ সৌন্দর্য একসঙ্গেই দেখতে পেতুম।”

৫৯) আপনার বেতন কত?

''আপনার বেতন কত?''...প্রশ্নটি শুনে যুবক আনসারটি মনে হয় লজ্জা পেলো। উত্তরে বললো-্''ভাই, জাইনতে পারি কি জইন্যে?''

ছেলেদের বেতন আর মেয়েদের বয়স জিজ্ঞেস করা আমাদের সমাজে ভব্যতার বিরোধী...আমিও এই নীতি মেনে চলার চেষ্টা করি... কিনতু, ফার্মগেটের 'রিক্সা প্রবেশ নিষেধ' সাইনবোর্ডটার উপর হেলান দিয়ে উদাস নয়নে দাঁড়িয়ে থাকা ঐ লোকটিকে কেন যেন প্রশ্নটা করে ফেললাম আজ। হয়তো আনসারদের সম্পর্কে স্বাভাবিক একটি কৌতূহল বোধ থেকেই এই জিজ্ঞাসা করে ফেলা।

যুবকটির প্রশ্নের উত্ত্রে আমি যখন জানালাম আমার কৌতূহলের কথা, তখন মনে হয় সে একটু ধাতস্থ হলো। জানালো যে, এখন তাঁরা ১২,৫০০ টাকা পান, সে সাথে মাসে ২৮ কেজি চাল আর ২৮ কেজি গম দেয়া হয় রেসন হিসেবে। হিসেব কষে দেখলাম, ভালোই তো! তাহলে শুধু শুধু কেন বেচারারা রিক্সাওয়ালাদের কাছ থেকে টাকা-পয়সা নেন প্রায়শঃ-ই!

প্রশ্নটা মনে হতেই আবার শুধালাম- ''আপনি এ নিয়ে খুশি তো?''

''খুশি হইমু না কেন!'' আনসার যুবকের উত্তর। ''কত পোলাপানই তো চাকরী না পাইয়া পথে পথে ঘুরতাসে। তাগোর চেয়ে আল্লাহ তো অনেক ভালা রাখছে আমারে।''
এমন উত্তর আশা করিনি। তাই, কিছুক্ষণ চেয়ে রইলাম তার দিকে। হাত বাড়িয়ে দিলাম হ্যান্ডশেক করার জন্যে। যুবকটি এক গাল হেসে আমার হাতটি ধরলো।
আসার পথে মনে হলো আরো একবার পিছু ফিরে দেখি লোকটাকে। কেন যেন তা করলাম না। মনে মনে তাই ছবি আঁকলাম একজন আনসারের হাঁসি মুখ। হয়তো সে রোদে পোড়া সারা দিনের ডিউটি শেষে ক্লান্ত ঐ সন্ধ্যাবেলায় বেজার মুখ করা কোন যুবক নয় আর এখন।......সে রকমই কোন কিছুর মহান একটি আশা নিয়ে বাড়ির পথে রওনা হলাম হাঁসি মুখে।

৬০) এক বিলিয়ন ডলার প্রধানমন্ত্রী, মাত্র এক বিলিয়ন ডলার

ওরা আজ ঘুমুবে কোথায়? অফিস ফেরার পথে আজ বিকেলের বৃষ্টিতে ভিজতে ভিজতে ফার্মগেটের ওভার ব্রিজটায় উঠতেই প্রশ্নটি থমকে দিলো কিছুক্ষণের জন্যে। ওভার ব্রিজে বৃষ্টির পানি জমে গেছে। তার মাঝে শত মানুষের ভিড়। সেই ভিড় ঠেলে হাঁটতে হাঁটতেই মনে পড়ে গেলো সেই মানুষগুলোর কথা।

রোজ সকালে অফিসে যাওয়ার পথে ওভার ব্রিজগুলোর উপরে নিশ্চিন্তে শুয়ে থাকতে দেখি কিছু মানব সন্তানকে। মাঝে মাঝে অবাক হই এই ভেবে যে কিভাবে এই শক্ত পাটাতনের উপর রাত কাটিয়ে দেয় লোকগুলো!

সেই মানুষগুলো আজ রাতে কোথায় শুবে? ব্রিজের উপর পানি জমা কংক্রিটের পথটায় বাড়ি খেয়ে প্রশ্নটা নিজের কাছেই ফিরে এলো আবার। উত্তর খুঁজে পেলাম না।

ভাবনার সাগরে নিমজ্জিত মনটায় কে যেন হঠাৎ মনে করিয়ে দিলো বাংলাদেশের ফরেন কারেন্সীর রিজার্ভ ২৯ বিলিয়ন ডলার ছাড়িয়ে গেছে। নিঃসন্দেহে প্রশংসনীয় অগ্রগতি। কিন্তু, কেন যেন সেই অগ্রগতির সাথে কংক্রিটের মেঝেতে রাত কাটানো আদম সন্তানগুলোর জীবনকে মেলাতে পারলাম না। কোথায় যেন শুভঙ্করের ফাঁকি!

সেই ফাঁকিটি যত বড়ই হোক, সেই রিজার্ভের টাকা থেকে মাত্র ১ বিলিয়ন ডলার খরচ করে কয়টি এক বেডরুমের ফ্ল্যাট বানানো যাবে সেই হিসেবটা করার মত যোগ্যতা সম্পন্ন মানুষ সরকার বা প্রশাসনে নেই তা বিশ্বাস করা উচিৎ হবে না।

সেই বিশ্বাসের ধার না ধেরে একটা অংক কষে ফেলা যাক চট জলদি।

একটি এক বেডরুমের ফ্ল্যাট বানাতে যদি ২০ লক্ষ টাকা ব্যয় হয়, ১ বিলিয়ন ডলারে কয়টি ফ্ল্যাট করা যাবে?

৪০,০০০!

সেই ৪০,০০০ ফ্ল্যাটে বসবাসকারী ভূমিহীনদের মাসে ২০০ টাকা করে ভাড়া ধার্য করা হলে, প্রতি মাসে কত টাকা আসবে? ৮০ লক্ষ টাকা। বছরে ৯ কোটি ৪০ লক্ষ টাকা। এই টাকায় পরের বছর আরো কয়টি ফ্ল্যাট করা যাবে? ৪৭ টি। এর পরের বছর? প্রায় ৫০টি।

বঙ্গবন্ধুর স্বপ্নের বাংলাদেশ গড়ার পথে কতটুকু ত্যাগ করতে হবে?
এক বিলিয়ন ডলার প্রধানমন্ত্রী, মাত্র এক বিলিয়ন ডলার।

৬১) ঢাকার রাজকীয় ডাস্টবিনে নগর-পথিকের একদিন

কোন এক মনিষী বলেছেন, ''হয় পড়ার যোগ্য কোন কিছু লেখো, নাহয় এমন কিছু করো যালেখার যোগ্য।''

প্রতিদিনই কিছু না কিছু লিখতে হয়। কখনো মানুষের জন্যে, কখনওবা শুধু নিজেরই জন্যে। কিনতু,লিখেতে হলে ভুরি ভুরি আইডিয়ার প্রয়োজন যে! এতো আইডিয়া কোথায় পাই? মাঝেই মাঝেই খুবভাবনায় পড়ে যাই। আইডিয়া তো আর মুদি দোকানের বয়ামে রাখা চকলেট নয় যে টাকা দিলেই কেনাযাবে! তাহলে উপায়?

গতকাল এ নিয়ে ভাবার সময়ই উপরের উক্তিটি পেয়ে গেলাম। পড়ে মনে হলো, পড়ার যোগ্য কোন কিছুলেখা যেহেতু কঠিন, এমন কিছু করেই দেখি না কেন যা নিয়ে লেখা যায়।

কি এমন করা যায় কোন লেখার বিষয়বস্তূ হয়ে যাবে!

এ নিয়ে ভাবতে ভাবতেই ঘুমিয়ে পড়েছিলাম কাল রাতে। সকালে উঠেই ছোটবেলায় বাবার বলা একটিউপদেশ মনে পড়ে গেলো। আমি যখন রাস্তায় হাঁটতাম তখন এদিকওদিক তাকিয়ে হাঁটতাম। রাস্তায়রকমারি জিনিসপত্র দেখতে দেখতে হাঁটতে বেশ মজাই লাগতো। এমন অনেক দিন গেছে, উপরের দিকেতাকিয়ে হাটতে হাটতে প্রায়শই গোবরে পাড়া দিয়েছি।

এ নিয়ে বাবা প্রায়ই বকা দিতেন। বলতেন-
নিচের দিকে তাকিয়ে হাটোস না কেন, বোকা। অনেক কিছুশিখতে পারতি। আমার মাথায় কিছুতেই ঢুকতো না, নিচের দিকে তাকিয়ে হাঁটলে কি এমন শেখা যায়!

অনেক দিন পর কথাটি আজ মনে পড়লো। তাই, অফিসে যাওয়ার সময় সিদ্ধান্ত নিলাম, আজ ঢাকাররাজপথ দেখতে দেখতে হাঁটবো। দেখিইনা কি শেখা যায়!

লালমাটিয়ার আড়ং পর্যন্ত আসতেই প্রথমেই চোখে পড়লো একটি ব্লেইড! আশে পাশে তাকালাম। কোনসেলুন চোখে পড়লো না। তাহলে এটা এখানে কি করে এলো! অনেক ভেবেও বুঝতে পারলাম না। মানুষকেন যে এই জিনিসটা রাস্তায় ফেলে! নিজ জাতিকে গালি দিতে দিতে রাস্তা থেকে তা তুলে পাশের একটিগর্তে ফেলে দিলা।

রাস্তা পার হয়ে বাসে করে ফার্মগেট এসে রিক্সায় উঠলাম। এতোক্ষণে আবার রাস্তার দিকে তাকাবারফুরসৎ পেলাম। সিগারেটের প্যাকেট! এই জিনিসটা মনে হয় রাস্তায় ফেলতেই আনন্দ! পুরো রাস্তা জুড়েইএখানে-সেখানে পড়ে রয়েছে।

এরপরেই দেখি একদলা থুথু! এটা আর এমন কি! বাঙালী তো রাস্তার আশে-পাশে প্রাকৃতিক কাজওকরে ফেলে। তবুও, মনে হলো মনে রাখি। ঢাকার রাস্তায় দেখেছিলাম একবার, নাতিদের

ও বলতেপারবো!

অফিসে যেতেই যেতেই দেখলাম রশি, রঙ, কাঠি, টিনের কৌটা আরো কত কি! মনে হলো...সমগ্রবাংলাদেশ যে
ন একটি ডাস্টবিন!

"স্যার, ও স্যার, নামেন। আইসা পড়সি।" রিক্সায় আসতে আসতে কখন যে ভাবনার রাজ্যে ডুবদিয়েছিলাম বু
ঝতেই পারিনি! টের-ই পাইনি অফিসের কাছে পৌঁছে গেছি। রিক্সাওয়ালার ডাকে সম্বিতফিরলো।

একটি দীর্ঘশ্বাস চেপে রাস্তায় নামলাম।

৬২) জীবনের অর্থ কি?

জীবনের অর্থ কি? বাসা-অফিস-খাওয়া-ঘুম? মাঝে মাঝে বেড়াতে যাওয়া, আড্ডা জমানো কিংবা বই পড়া বা গান শুনা? ব্যস! আর কিছু না? আর কিছু তো বটেই। বিয়ে কিংবা সমাজকল্যাণও তো জীবনের অংশ। অবাক করা বিষয় হচ্ছে, এই শেষোক্ত বিষয়টি আবার সবার জীবনের সঙ্গে সামঞ্জস্যপূর্ণ নয়। তবু কারো কারো জীবনে এই বিষয়টি বিশেষ প্রাধান্য পায়। যেমন- মাওলানা আব্দুল হামিদ খান ভাসানী।

আমার আজকের ব্লগের উদ্দেশ্য কিন্তু কোন বিশেষ ব্যক্তিত্ব সম্পর্কে লেখা নয়, বরং জীবনের আসল উদ্দেশ্য সম্পর্কে আমার চিন্তা-ভাবনায় বাকিদের শরিক করা। তাই, প্রশ্নটা আবারো করি। মানুষের জীবনের অর্থ কি হতে আরে? জন্ম-মৃত্যু'র মধ্যিখানে এই যে বিরাট সময়, এই সময়টা মানুষ আর কিভাবে অতিবাহিত করতে পারে? এই কাজগুলোর পিছনের হেতুই বা কি?

আমার মত অতীতে অনেকেই এই জীবন সম্পর্কে ভাবাতুর হয়েছেন। উত্তর খুঁজে ফিরেছেন হন্যে হয়ে। সমাধান পেয়েছিলেন কিনা জানি না, তবে সেই সকল মহান ব্যক্তিত্ব রেখে গিয়েছেন অমর কিছু বাণী।

উইলিয়াম শেক্সপিয়র যেমন বলেছিলেন- "জীবন মানে অনিশ্চিৎ ভ্রমণ।”

কার্লাইল জীবন সম্পর্কে বলেছেন- "জীবন হচ্ছে একমাত্র সত্যি ইতিহাস।"

জন গে'র জীবন সম্পর্কে মত প্রকাশ করতে গিয়ে মন্তব্য করেছিলেন- "মানুষের জীবন কত সংক্ষিপ্ত কত ক্ষণভঙ্গুর।"

এ প্রসঙ্গে লিথা গোরামের বাণী মনে রাখার মত। তিনি বলেছেন- "আমাদের জীবন আমাদের ইচ্ছার উপর নয় আমাদের কর্মের উপর দন্ডায়মান।”

আরো অনেকেই অনেক বাণী দিয়েছেন জীবন সম্পর্কে বলতে গিয়ে। সবারটা লিখতে গেলে পোস্ট-টি অনেক দীর্ঘ হয়ে যাবে। তাই, আমার সবচেয়ে প্রিয় বাণীগুলোর একটি দিয়ে আজকের প্রসঙ্গটির ইতি টানতে চাই। নাম না জানা কোন এক মণিষী'র এই উক্তিটির মাঝে কেন জানি না নিজেকে খুঁজে ফিরি বারে বারে-

“সত্যিকারের জীবন প্রতিযোগিতার জীবন নয়, সত্যিকারের জীবন হচ্ছে সহযোগিতার।”

৬৩) বিপদ কালে মনে পড়ে সুখ প্রদীপের কথা

একবার এক বাদশাহ নৌকা করে নিজ গন্তব্যের উদ্দেশ্যে সাগর পাড়ি দিচ্ছেন। সেই নৌকায় পারস্য দেশীয় এক দাসও ছিলো যে আগে কখনো সাগর পাড়ি দেয়নি। সাগরের ঢেউ-এর দুলুনীতে নৌকার যখন বেগতিক অবস্থা দাসটি হঠাৎ ডাক ছেঁড়ে কাঁদতে লাগলো। তার কান্নার বেগ এতোটাই বেড়ে গেলো যে রাজা পর্যন্ত বিরক্ত হলেন।

দাসটির কান্না যখন কিছুতেই থামছিলো না, তখন নৌকার আরেক আরোহী এক দার্শনিক রাজার কাছে এসে বললেন- "আপনি আদেশ দিলে আমি দাসটির কান্না বন্ধ করতে পারি।"

.

তা শুনে রাজা অতিশয় খুশি হয়ে বললেন- "আপনি তা করলে আমি খুব সন্তুষ্ট হবো।"

.

দার্শনিক সেই দাসটিকে পানিতে ছুড়ে ফেলে দিতে বললেন। যেই বলা সেই কাজ। মাঝি-মাল্লারা দাসটিকে পানিতে ছুড়ে ফেলে দিলো। পানিতে পড়ে সে যখন হাবু-ডুবু খেতে লাগলো, তখন আবার দার্শনিক মানুষটিকে নৌকায় তুলে আনার নির্দেশ দিলেন।

.

নৌকায় নিয়ে আসার পর দেখা গেলো দাসটি এক কোণে চুপটি করে বসে আছে- কোন সাড়া-শব্দ করছে না। মাথা নিচু করে কি যেন ভাবছে। রাজা তা দেখে আশ্চর্য হয়ে দাসটির কি হয়েছে জানতে চাইলেন।

.

বিজ্ঞ দার্শনিক উত্তর দিলেন- "লোকটি যখন পানিতে ডুবে যাচ্ছিলো, এর আগে সে নৌকায় নিরাপদে অবস্থানের মাহাত্ম্য জানতো না। ঠিক তেমনি, একটি মানুষ পর্যন্ত দূর্বিপাক থেকে বেঁচে থাকার আনন্দ বুঝতে পারবে না যতক্ষণ পর্যন্ত না সে কোন বিপদে পড়ছে।"

.

ওহে পরিপূর্ণ মানুষ...
বার্লি-রুটি তোমায় সন্তুষ্ট করতে পারে না,
জেনে রেখো,
সে-ই আমার প্রণয়ী যাকে তোমার কুৎসিত লাগে।

.

বেহেশতের হুরীদের কাছে, নরকই হচ্ছে প্রায়শ্চিত্ত,
কিন্তু, নরকের অধিবাসীদের শুধে দেখো-
তাদের কাছে বেহেশত হচ্ছে প্রায়শ্চিত্ত।

৬৪) অভুক্ত ব্যক্তিকে খাওয়ানো রোজা রাখার চেয়ে বেশি উত্তম

'ওগো, রাজ প্রাসাদে একটু যাবে? যদিবা একটু খাদ্যের সন্ধান পাওয়া যায়, আমার ভুখা ছেলে-মেয়েগুলো'র জন্যে।' রাজার এক অফিসারের স্ত্রী স্বামীকে বললেন।

'দস্তরখানা আজ বন্ধ,' স্বামী বললেন, 'আগের রাতে রাজা আজ রোযা রাখার সিদ্ধান্ত নিয়েছেন।'

ক্ষুধার জ্বালায় স্ত্রী মাথা নিচু করে গুমড়ে কেঁদে উঠে বললেন-
'এভাবে উপবাস থেকে রাজা কি পেতে চান যখন তাঁর উপবাস ভঙ্গের সময়টা আমাদের সন্তানদের মুখে হাসি নিয়ে আসে?'

যার খাওয়ার সময়টা এমন আনন্দের উপলক্ষ নিয়ে আসে, সে অবিরত রোযা রেখে যাওয়া একজন প্রার্থনাকারী'র চেয়ে অনেক উত্তম। তাই, সেই লোকের সংসর্গে থাকো যে উপবাসের দিনে সকাল বেলা নিজের খাদ্য গরী-দুখীদের মাঝে বন্টন করে দেয়।

৬৫) যখন মৃত্যু কাছে সরে আসে, সম্পদকে কে তখন ভালোবাসে?

একবার এক আরব রাজা মৃত্যুসজ্জায়, বেঁচে থাকার কোন আশাই তাঁর আর নেই। সেই সময়ে, রাজকীয় সেনাবাহিনীর এক সংবাদবাহক এই বার্তা নিয়ে প্রবেশ করলো যে- রাজার পাঠানো সেনাবাহিনী একটি রাজ্য জয় করেছে, আর, সেই রাজ্যের সকল জনগোষ্ঠী বশ্যতা স্বীকার করে নিয়েছে। তা শুনে রাজা গভীর দীর্ঘশ্বাস ছেড়ে বললেন-

"এই বার্তাটি তো আমার জন্যে জন্যে নয়, বরং এটি আমার শত্রুদের জন্যে, বিশেষ করে যারা আমার সিংহাসনের উত্তরাধিকারী।"

আমি আমার মূল্যবান জীবন আশায় আশায় অতিবাহিত করেছি, হায়!
আমার প্রতিটি আকাংখা যেন পূরণ হয়ে যায়!
আমার ইচ্ছেগুলো পূরণ করা হলো, কিসের বিনিময়ে, যখন থেকে-
অথচ, আমার আগের জীবন ফিরে আসবে, তার আর কোন আশা নেই।
নিয়তির হাতে বেজে উঠেছে, বিদায় লগ্নের ভেরী।

ও আমার চক্ষুদ্বয়,
মস্তককে বিদায় বাণী শুনিয়ে দাও,
সাথে করে তালু, কনুই আর বাহুদ্বয়কেও,
সবাই যেন একে-অপরকে বিদায় জানিয়ে দেয়।

মৃত্যু- যে ছিলো আমার আকাংখাগুলোর শত্রু,
সে এখন প্রভাব বিস্তার করেছে আমার উপ্বর।
শেষবারের মতো, ও আমার বন্ধুরা।
আমার পাশে থেকে সরে যাও।
জেনে রেখো- আমার জীবন কেটেছে অন্ধকারে,
আমি যে কিছুই করে যেতে পারিনি!

তোমাদের প্রতি আমার এই উপদেশ,
নিজেরাই নিজের প্রহরী হয়ে থেকো!

৬৬) খেলিছো এ বিশ্ব লয়ে, বিরাট শিশু....আনমনে, খেলিছো!

একটা কুকুরের দিকে তাকিয়ে আছি অনেকক্ষণ ধরে। কুকুরটা রাস্তার কোণে দাঁড়িয়ে আছে। পাশ দিয়ে মানুষজন হেঁটে চলে যাচ্ছে। কোন ভ্রুক্ষেপ নেই। মাথা একবার ডান দিকে ঘোরায়, আবার বাম দিকে। একবার সামনে রাস্তার ওপারেও চেয়ে দেখলো। হঠাৎ একটা প্রশ্ন জাগলো মনে। এই যে সে তাকিয়ে তাকিয়ে মানুষ দেখছে, তার মনে কি কোন ভাবোদয় হয়? ন্যাশনাল জিওগ্রাফিতে কুকুরের মনোস্তত্ব বা জীবন নিয়ে কোন এপিসোড দেখেছি বলে মনে পড়ে না।

কুকুরটা কি আজ সকালে কিছু খেয়েছে? তার কপালে কি জুটেছে আজ? রাস্তার পাশের কোন ডাস্টবিনে হয়তো মানুষের ফেলে দেওয়া পাউরুটির বাইরের অংশ তার অপেক্ষায় ছিলো। আমার ছোট ভাই পাউরুটির বাইরের অংশ ফেলে দেয়।

এই রকম শত মানুষের ফেলে দেওয়া পাঊরুটির অংশ হয়তো কুকুরের ভাগ্যে জোটে প্রতিদিন। সকালবেলা কোন রেস্টুরেন্টের আশে-পাশে গিয়ে থাকলে মানুষের ফেলে দেওয়া নেহারীর হাড্ডিও জুটতে পারে। আহা, নেহারী! অনেক দিন খাওয়া হয়নি! বাসার বাবুর্চিকে বলে দিলে সে হয়তো বানিয়ে নিতো। দিবো নাকি নেহারী'র অর্ডার? নাহ, থাক। আজ বেশি দেরী হয়ে গেছে। একটু আগেই মাত্র বেশ করে পুরি খেয়েছি।

একটু আনমনা হয়ে গিয়েছিলাম। আবারো, জানালার বাইরে দিয়ে তাকালাম। ইচ্ছে ছিলো কুকুরের পেটের দিকে তাকিয়ে আন্দাজ করা আজ সকালে সে খেয়েছে কি খায়নি। ব্যাটাকে আগের জায়গায় দেখতে পেলাম না। নিশ্চয় রাস্তা পার হয়ে অপরদিকে কোন অজানা পথে হেঁটে চলে গেছে।

আজ দুপুরের ঘুম ভাঙতে ভাঙতে সন্ধ্যা হয়ে গিয়েছিলো। আমার স্টাডি রুমের বড় জানালা দিয়ে রাস্তা দেখতে পাওয়া যায়। আমাদের বিল্ডিংটার পাশেই একটা বিরাট মাঠ। মাঠ আর বিল্ডিঙ্গের মাঝে একটা রাস্তা। সেই রাস্তার দু'পাশে ফুটপাত। ঐ ফুটপাথের মাথাতেই দাঁড়িয়ে থাকা কুকুরটাকে এতোক্ষণ ধরে পর্যবেক্ষণ করছিলাম।

৬৭) পাখা নিয়ে জন্ম নেওয়া মানব সন্তান জীবন যুদ্ধে হেরে যাবে কেন!

জ্ঞান-তাপস জালালুদ্দিন রুমী বলেছেন- "তুমি তো পাখা নিয়ে জন্ম নিয়েছো, তবু কেন জীবনে হামাগুড়ি দেওয়া বেছে নিলে!"

আমাদের জীবনের প্রত্যেকটি কাজের সাথে অদেখা ভূবনের যোগাযোগ রয়েছে। তবু, এই দুনিয়ার স্বার্থগুলোর বেড়াজালে আমরা সেই অদেখা ভূবনের উপহারগুলোর কথা প্রায়শঃ ভুলে যাই।

ছোটবেলার কথা একবার মনে করুন, যখন আমাদের কোন কাজের মাঝে স্বার্থান্ধতা ছিলো না। আমাদের হৃদয়ে যা চাইতো, তা-ই করতে পারতাম। আমাদের কাজে ছিলো না কোন কলুষতা।

অথচ, বড় হওয়ার সাথে সাথে, সেই হৃদয়ে কালো দাগ জন্মাতে থাকে। স্বার্থের মোহে পড়ে আমরা এমন সব কাজ করি, যা নিজেদের জন্যে তো বটেই, পরিবার, সমাজ, জাতি এমনকি গোটা পৃথিবী'র জন্যে তা এক দূষণীয় কাজ হয়ে দাঁড়ায়।

অথচ, কেমন হতো যদি আমাদের ছোটবেলার নিস্পাপতা বড় হওয়ার পরেও টিকে থাকতো! আমরা হয়তো তখন আরো সাফল্য লাভ করতাম। পরের সাহায্যে হয়তো আরো নিঃস্বার্থ ভাবে এগিয়ে যেতে পারতাম। বলতে পারতাম-

পরের কারণে স্বার্থ দিয়া বলি,
এ জীবন-মন সকলি দাও।

৬৮) একাকীত্বে ভোগা মানুষগুলো'র জন্যে কিছু কথা

দার্শনিক জালালুদ্দিন রুমী বলেছেন, "একাকীত্বে ভুগো না, পুরো এই মহাবিশ্বটাই তোমার মাঝে আছে। খুব ছোট হওয়া বন্ধ করে দাও, তুমি নিজেই তো আপন গতিতে চলতে থাকা এক মহাবিশ্ব। নিজের জীবনকে আগুনে উৎসর্গিত করো। যারা তোমার আগুনের শিখাগুলোকে উদ্দিপিত করতে পারবে, তাদের খোঁজ শুরু করে দাও।"

জীবনের কোন না কোন সময়ে এসে আমরা নিজেকে একাকীত্বের সাগরে নিমজ্জিত অবস্থায় আবিস্কার করি। কেউ পাশে নেই, সবাই ভুল বুঝছে- এই অনুভূতি আমাদের পিছু ঠেলে দেয়। একাকীত্বের যাতনায় হৃদয়টা দুমড়ে-মুচড়ে যায়। কান্নায় ভেঙ্গে পড়ি তখন। অনেকে জীবন ছেড়ে স্বেচ্ছায় অকালে চলে যাওয়ার সিদ্ধান্তও নিয়ে বসেন।

অথচ, একটু যদি খেয়াল করে দেখেন, আপনি কিন্তু একা নন। পুরো সৃষ্টি'র বিস্ময় যে মানুষ, আপনি তো তা-ই। আপনার ক্ষমতা অপরিসীম। আপনার মাঝেই দুনিয়া জয় করার সাহস দেওয়া হয়েছে। দেওয়া হয়েছে সৃষ্টি করার অপার দক্ষতা। আপনিই সেই ব্যক্তি যিনি আলেকজান্ডার হয়ে দিগ্বী জয় করেছেন। আপনি তো সে-ই যে সকল বাধা অতিক্রম করে তেনজিং হয়ে হিমলায়ে উঠেছেন। আপনার মাঝেই তো লুকিয়ে আছে জ্ঞানসাধক আল জাবের, শেক্সপিয়ার, ওমর খৈয়াম, আইজ্যাক নিউটন আর আইনস্টাইন হওয়ার চেতনা।

কিন্তু, হায়! আপনি নিজেকে ক্ষুদ্র ভেবে হেয় করেন। নিজেকে তাচ্ছিল্য করেন। নিজেকে হাসি-ঠাট্টার অতি পাংক্তেয় বস্তুতে পরিণত করেন। আপনি যদি জানতেন আপনি মহাসমুদ্রের মাঝে এক ফোঁটা পানি নন, বরং একটি ফোঁটা পানিতে পুরো এক মহাবিশ্ব....আপনি কি নিজেকে এতোটা ছোট ভাবতে পারতেন?
তাই, সবার আগে নিজেকে জানুন। চোখ বন্ধ করে নিজেকে একটু সময় দিন। নিজেকে জানার এই 'যুদ্ধে' আপনাকে সবাই সাহায্য করতে পারবে না। নিজের এই অপার সম্ভাবনা নিজেকেই আগে উপলব্ধি করতে হবে। আর, এ কাজে যিনি বা যারা আপনাকে সাহায্য করতে পারবেন, তাঁদেরকে খুঁজে বের করুন।

৬৯) দিন যায়, কথা থাকে...যে কথা ছিলো মনে!

‘কই যাবেন?’ রিক্সাওয়ালার প্রশ্নের উত্তরে বললাম- 'এই তো সামনেই।' ‘সবাই তো সামনেই যায়, পিছনে তো যায় না’— রিকশাওয়ালার সূক্ষ্ম রসবোধে হা হা করে হেসে উঠলাম।

.অফিস থেকে লাঞ্চে যেতে রিকশায় উঠেছিলাম, তখনই এই কথোপকথন। সত্যিই কি আমরা সবসময় সামনে যাই, পেছনে যাই না? হ্যাঁ, এটা সত্যি যে রিকশায় করে পেছনে যাওয়া সম্ভব না হলেও মনের পর্দায় কিংবা কল্পনায় আলাদিনের চাদরে ভেসে হলেও অনেকে জীবনের পেছনের স্মৃতির সাগরে ফিরে যান অনেক সময়।

এই তো সেদিনের কথা, মা-বাবা বাসায় তিন গোয়েন্দার বই আর বন্ধুদের সঙ্গে বই আদান-প্রদান নিষিদ্ধ করায় সে কী মন খারাপ! কী করা যায় এখন? বুদ্ধি বের হলো একদিন। স্পেস শিপ ল্যান্ডিংয়ের মতো যেদিন উপরের তলার বন্ধু পলিথিনের ভেতর বই ঢুকিয়ে বারান্দায় ল্যান্ডিং করাল তিন গোয়েন্দার আনকোরা নতুন বই, সেদিনের আনন্দ দেখে কে! তার বদলে উপরে চলে গেল আমার শখের টিনটিনের আরেকটি বই।

‘আর্থ, ফায়ার, উইন্ড, ওয়াটার, হার্ট...গো ক্যাপ্টেন প্ল্যানেট’— স্কুলে বা বন্ধুমহলে পাঁচজনের দল করে হাতে দড়ি দিয়ে বাঁধা আংটি বানিয়ে অ্যাডভেঞ্চারের গল্পগুলো মনে পড়ে? এ যেন সেদিনের কথা!

এখনো মনে পড়ে বাবার হাত ধরে বইমেলায় যাওয়ার কথা। প্রতিবারই অ্যাস্ট্রোনমির কিছু না কিছু বই কেনা হতো, সেগুলো পড়ে পড়ে পুরো মাথাটাই বিগড়ে যেত— বৃষ্টিস্নাত কত রাত গেছে, মেঘের গুরুগুরুকে স্পেসশিপের আওয়াজ কল্পনা করে জানালার শিক ধরে রাতের অন্ধকারের দিকে মিনিটের পর মিনিট তাকিয়ে থাকতাম এলিয়েনদের দেখব বলে!

.

ছোটবেলা খুব দুষ্টু ছিলাম বলে সব ভাইয়ের মধ্যে বাবার কানমলা আমিই সবচেয়ে বেশি খেতাম। একদিনের কথা মনে পড়ে। তখন এসএসসি রেজিস্ট্রেশনের সময়। ফরমের ফটোকপিতে নাম লিখতে গিয়ে মো. না মোহাম্মদ লিখব, তা নিয়ে দোটানায় পড়ে গিয়েছিলাম। কে যেন একবার বলেছিলেন, পাসপোর্টে আমাদের বাঙালিদের নামের আগে এত বেশি ম্যানেজিং ডিরেক্টর (MD) লেখা থাকে যে বিদেশের পাসপোর্ট কর্মকর্তারা খুব ধন্দে পড়ে যান। তারা ভেবে পান না আমাদের মতো গরিব দেশে এত এত ব্যবসায়িক প্রতিষ্ঠান আসে কোথা থেকে! তাই সেই গোবেচারাদের জেরার পর জেরা করে যান। এ কথাটা আমার মনে এমনভাবে গেঁথে গিয়েছিল যে বাবার শত কানমলায়ও মো. লিখতে রাজি হইনি, মোহাম্মদ লিখেছিলাম।

সেই মোহাম্মদ লিখেও পার পাইনি। টুইন টাওয়ার ধ্বংসের পর একদিন আমাদের নামের শুরুতে পুরো ‘মোহাম্মদ’ দেখে এক আত্মীয় মন্তব্য করে বসেছিলেন— ‘তুই শেষ! আর জীবনে তোকে বাইরের ভিসা দেবে না কোনো অ্যাম্বাসি।’ সেই আমারই ইউকের হিথরো বিমানবন্দরের চেকিং পয়েন্ট পার হতে সময় লেগেছিল সব মিলিয়ে ৫ মিনিট! অথচ মনে পড়ে ভারতের দিল্লি বিমানবন্দরে আমাকে কীভাবে আপাদমস্তক চেকিং করে হেনস্তা করা হয়েছিল।

এখনো মনে পড়ে সিলেটের শাহজালাল বিশ্ববিদ্যালয়ে ভর্তির সময় পালানোর কথা। পরীক্ষার সময় মেরিট লিস্টে নাম উঠেছিল। ভেবেছিলাম পরে ভুজুং-ভাজুং দিয়ে মা-বাবাকে বুঝিয়ে ভর্তি হব না। কারণ বিদেশে অ্যাস্ট্রোনমি পড়তে যাওয়ার খুব শখ ছিল। আমার কোনো এক আত্মীয় মা-বাবাকে বুঝিয়েছিলেন, যারা অ্যাস্ট্রোনমি পড়ে, তারা একেকটা পাগল। সারা দিন গ্রহ-নক্ষত্র নিয়ে মাথা ঘামায় বলে সংসার-টংসার করা হয়ে ওঠে না। সেই ভয়ে আমার ওই সাবজেক্টে অনার্স করার জন্য বিদেশে যাওয়ার ওপর নিষেধাজ্ঞা এল।

.

'মামা, আয়া পড়সি।' রিকশাওয়ালার কথায় সম্বিত ফিরল। হাতে ভাড়া ধরিয়ে দিতেই মাঝবয়সী রিকশাওয়ালা বলে উঠলেন— 'আসসালামু আলাইকুম।' চমকে উঠলাম। এখন পর্যন্ত কোনো রিকশাওয়ালাকে তো সালাম দিতে শুনিনি। তার ওপর এ রকম শুদ্ধ সালাম!

.

শুদ্ধ সালামের কথা মনে হতেই মনে পড়ে গেল আমাদের দেশের শত রকমের সালাম কালচারের কথা— 'স্লামালাইকুম', 'সালামালাইকুম', এমনকি আজকাল অনেকে 'স্লাকুম' পর্যন্ত বলে বসেন

৭০) সে যত ছোটই হোক, সম্মান তার অধিকার

সে অনেক অনেক আগের কথা। এক দেশে একজন রাজপুত্র ছিলো যে দেখতে যেমন ছিলো কুৎসিত, ঠিক তেমনি দৈর্ঘ্যেও ছিলো খাটো। কিন্তু, তার ভাইয়েরা ছিলো একেকজন লম্বা এবং সুদর্শন।

একদিন সেই রাজপুত্রটি দেখতে পেলো তার বাবা তার দিকে বিতৃষ্ণা আর অবজ্ঞার দৃষ্টিতে চেয়ে আছেন। রাজপুত্রটি ঠিকই বাবার চাহনির অর্থ বুঝে ফেললো। সে বললো-

"বাবা, আপনি কি জানেন, পুঁচকে জ্ঞানী ব্যক্তি একজন লম্বা অজ্ঞ মানুষ থেকে ঢের ভালো? শুধু বড় বলেই কোন জিনিসের দাম বেড়ে যায় না। একটা ভেড়ার মাংস খেতে অনেক ভালো, কিন্তু, হাতিরটা? সেটা পচে যাওয়া মাংসের স্বাদের মতো নয় কি? একটি বুড়ো আরবী ঘোড়া হয়তো দূর্বল হতে পারে। কিন্তু, তা আস্তাবল ভরা গাধার চেয়ে বেশি মূল্যবান।"

বাবা ছেলের কথা শুনে উচ্ছসিত হলেন। কিন্তু, অন্যান্য রাজপুত্রেরা এতে সন্তুষ্ট হতে পারলো না।

একজন মানুষ যখন কথা বলা বন্ধ করে দেয় । তখন, তার দোষ ও গুণ – দুটোই ঢাকা পড়ে যায়।
এটা ভেবো না যে, প্রত্যেকটি মরুভূমিই শূণ্য। কোন কোনটিতে তো ঘুমন্ত বাঘও থাকতে পারে।

কিছু দিন পরেই, এই দেশটির উপর এক শক্তিশালী রাজ্যের নজর পড়লো। দেশটিকে দখল করতে সেই রাজ্যটি বিশাল এক সেনাবাহিনী পাঠিয়ে দেশটিকে দখল করতে চাইলো। দুই রাজ্যের সেনাবাহিনী যখন পরস্পরের মুখোমুখি, সবাই দেখতে পেলো সেই খাটো রাজপুত্রটিই সবার আগে যুদ্ধক্ষেত্রে উপস্থিত হয়েছে।

"আমি তো সেই মানুষ নই যে যুদ্ধক্ষেত্রে পিঠ দেখাবে, বরং, আমি তো সেই ব্যক্তি যে মাটি কামড়ে সেখানেই পড়ে থাকবে।
যে জীবন বাজি রেখে লড়ে যায়, সে-ই তো বীর।
আর, যে যুদ্ধ থেকে পলায়ন করে, সে তো সেই ব্যক্তি যে নিজের সেনাবাহিনী'র রক্তের উপর দিয়ে দৌড়ে পালায়।"

এই কথাগুলো বলে সে শত্রুবাহিনীর উপর ঝাঁপিয়ে পড়লো। অনেকক্ষণ ধরে যুদ্ধ করে, অনেক শত্রুকে ধরাশায়ী করলো। এরপর, বাবার সামনে গিয়ে সালাম ঠুকে বললো-

"তার উদ্দেশ্যে বলছি, যিনি আমাকে অবজ্ঞার দৃষ্টিতে দেখেছিলেন-
যিনি আমার বীরত্বের গভীরতা সম্পর্কে সন্দিহান ছিলেন-
যুদ্ধের দিনে, একটি সরু পেটওয়ালা ঘোড়াই কাজে লাগে,
মোটা ষাঁড়ের কি কাজ সেইখানে!"

রাজার সেনাদের তুলনায় শত্রুবাহিনীর সংখ্যা আসলেই অনেক বেশি ছিলো। শত্রুবাহিনী'র প্রচন্ড আক্রমনে রাজার বাহিনী পিছু হটতে থাকলো। তা দেখে সেই পুঁচকে রাজপুত্র আবারো বলে উঠলোঃ "তোমরা মেয়েদের কাপড় পড়তে দ্বিধা বোধ করছো কেন!"

এই কথা শুনে, সেই রাজার সেনারা খুব লজ্জা পেলো। তারা ঘুরে দাঁড়িয়ে শত্রুর সাথে প্রাণপন যুদ্ধ করে বিজয় ছিনিয়ে নিয়ে এলো।

এই যুদ্ধের পর রাজা সেই ক্ষুদে রাজপুত্রের মাথায় ও চোখে চুমু খেয়ে তাঁকে নিজের পরে রাজা হবার ঘোষণা দিলেন। কিন্তু, সেই রাজপুত্রের অন্য ভাইয়েরা এতে হিংসায় জ্বলতে লাগলো। তারা করলো কি, একদিন রাজপুত্রের খাবারে বিষ মিশিয়ে দিলো। বিষ মিশালে কি হবে, সেই অকাজ তাদের বোন হাতে-নাতে ধরে ফেলে সেই রাজপুত্রকে ইশারায় জানিয়ে দিলেন।

খাবারে বিষ মিশানো আছে তা বুঝে ফেলে, রাজপুত্রটি বললো- "এটা কিভাবে হয় যে একজন সম্মানীয় ব্যক্তি এই ভাবে মৃত্যু লাভ করবে! বরং, যারা এটা করেছে, তারা নিজেদের জায়গায় থাকার যোগ্য নয়।"

পেঁচার ছায়ার নিচে কেউই যাবে না,
এমনকি সম্মান বলতে কোন কিছু এই পৃথিবী থেকে প্রস্থান করে।

বাবা যখন এই ঘটনা শুনতে পেলেন, তখন সেই রাজপুত্রের ভাইদের তীব্র ভাবে তীরস্কার করে প্রত্যেককে একেকটি প্রদেশের দায়িত্ব দিয়ে সে সব জায়গায় নির্বাসনে পাঠিয়ে দিলেন যতদিন না নিজেদের মাঝের ঝগড়া তারা নিজেরাই মিটিয়ে না ফেললো।

কিন্তু, কথায় আছে- "একটি কম্বলের নিচে ১০ জন দরবেশ থাকতে পারলেও, একই রাজ্য দুইজন রাজাকে রাখতে পারে না।"

একজন ধার্মিক মানুষ একটি রুটিকে দুই টুকরো করে একটি নিজের জন্যে রাখে, অপরটি দরবেশকে দিয়ে দেয়।
অথচ, একজন রাজা সাতটি রাজ্য জয় করার পরও, আরো একটি জয় করার ধান্ধায় থাকে।

============
শেখ সাদী, গুলিস্তান

৭১) না পাওয়ার যন্ত্রণা ভালোবাসার বৃষ্টিতে ঢাকা পড়ে যায়

জীবন তার অনেকটা পথ পেরিয়ে গেলো। যৌবন এখন তার শেষ সীমানা ছুঁই ছুঁই করছে। কি পেলাম আর কি হারালাম সেই চিন্তায় আজ মনটা গল্পে মশগুল। জীবনের এই চলার পথে কত কিছুই না করেছি, কত মানুষের সাথেই না মিশেছি। গলা ফাটিয়ে কত জনসভায় বক্তৃতা দিয়েছি। উন্মত্ত স্লোগানে স্লোগানে রাঙ্গিয়ে দিয়েছি রাজপথ। আজ এই সাঝবেলা, নিজেকে নিজেই প্রশ্ন জিজ্ঞাসিনু- 'কি করেছো তুমি যবে যৌবন এসেছিলো প্রখর রোদে এক টুকরো বটের ছায়া'র রূপ ধরে?'একবার ডাক এলো- 'তোমার সাথীরা জেলে বন্দী। থানার সামনে তোমাকেই যেতে হবে।' বাবাকে কদমবুসি করে, মাপ চেয়ে ছুটে গিয়েছিলাম। অথচ, তাদের মাঝে আমি নিজেকে খুঁজে পাইনি। নিজ সত্ত্বা প্রাণের ঝুঁকি নিয়ে এগিয়ে গেলেও, আহত হয়েছি বারংবার। ফিরে এসেছি নিজ নীড়ে আশাহত হয়ে।

আরেকবার পল্টন ময়দানে ডাক পড়ে। কাঁপাতে হবে রাজপথ। পুলিশের নির্মম লাঠির বাড়িতে রক্তাক্ত হয়েছে অধর। পিছু হটিনি। কি লাভ হয়েছে তাতে। একদল শৃগাল দিনের বেলা ঠিকই 'ব্যবহার' করে নিয়েছে এই পবিত্র স্বত্ত্বা। যখন বোধে এসেছে, হাতে তখন আর সময় নেই। কোমরে পড়েছে লালঘরের শক্ত পাকানো আঁশটে দড়ি।

নিজেকে খুঁজে ফিরেছি প্রার্থনাগারের ধর্মভীরুদের দলে। পেয়েছি কি নিজেরে সেথায় সদাই, ছাই! সেখানেও বিভেদ, হিংস্রতার কাকপক্ষীয় অপলাপ। ছুটে বেরিয়ে গিয়েছি অজানা কোন দূর পথ পানে।

ব্যথিত মনে প্রিয়ার নিকটে প্রশ্ন রেখেছিলাম- 'কোথায় তুমি! কোথায় ছুটে গেলে পাবো তোমায়!'
কুহু ডাকে কোকিলকন্ঠী বলে উঠেছিলো- 'নিজেকে ছেড়ে দাও। তবেই, খুঁজে পাবে আমায়।'

প্রিয়ার চিঠিতে ছিলো বৃষ্টির ঝাপটা, সবুজ পাতার ঘ্রাণ। ম্রিয়মান জীবনে তা এনে দিয়েছে আলো, সতেজ করেছে প্রাণ। প্রেমহীন জীবনে শরাবের পেয়ালায় চুমুক, সে তো পাথুরে মেঝেতে অযথা মাথা ঠুকা মাত্র! যে বুঝবে তা, কোকিলের ডাক পৌঁছুবে তার কাছে হয়ে অনির্বাণ।

৭২) একজন দরবেশের জীবন

বাবা গত বছর মারা গেলেন। লিভার সিরোসিসে ভুগে বেশ কয়েক মাস বিছানায় শয্যাশায়ী হতে হয় তাঁকে। শেষের দিকে উনার যখন খুব ব্যাথা উঠতো, কাউকে চিনতে পারতেন না। তেমনই একদিন আমি উনার বিছানার কাছে গেলাম। উনি বললেন- "আমার দরবেশ ছেলে এসেছে।" ঘর-ভর্তি মানুষের সামনে এভাবে বলায় আমি খুব লজ্জা পেলাম।

নিজেকে দরবেশ হিসেবে ভাববো তা কখনই আগে ভাবিনি। কারণ, আসল দরবেশদের জীবন খুবই কঠিন। একবার হলো কি, এক দরবেশ অভাবে পড়ে তাঁর বন্ধুর বাসা থেকে লেপ চুরি করে ধরা খেলেন। যথা সময়ে তাঁকে আদালতে হাজির করা হলে, বিজ্ঞ বিচারপতি তাঁর হাত কেটে দেওয়ার আদেশ দিলেন।

এই সিদ্ধান্ত শুনে, সেই দরবেশের বন্ধু বিচারককে বললেন যে তিনি চোরকে ক্ষমা করে দিয়েছেন। তা শুনে বিচারক বললেন- 'তোমার এই মাফ করে দেওয়ার সিদ্ধান্ত আমাকে দেশের আইন প্রয়োগ করা থেকে বিরত করবে না। তার শাস্তি পেতেই হবে।'

তখন দরবেশের বন্ধু বললেন- 'আপনি ঠিক বলেছেন, কিন্তু আপনি জানেন যে হাত কেটে দেওয়ার শাস্তি তাঁর ক্ষেত্রে প্রযোজ্য নয় যিনি এমন জিনিস চুরি করেছেন যা কোন ধর্মীয় কাজে ব্যবহারের জন্যেই রাখা হয়েছে। এছাড়া, একজন দরিদ্র মানুষের কিছুই থাকে না আর একজন দরবেশের সব জিনিসই দরিদ্র মানুষের জন্যে।'

তা শুনে বিচারক অপরাধী ব্যক্তিটিকে বললেন- 'তোমার কাছে পৃথিবী এতোটাই ছোট হয়ে গেলো যে তুমি এমন বন্ধুর বাসায় চুরি করতে গেলে!'

অপরাধী ব্যক্তিটি উত্তরে বললেন- 'বন্ধুর বাসা থেকে যা চাও কুড়িয়ে নাও। কিন্তু, শত্রুর বাসার দরজায় টোকা পর্যন্ত দিও না।

যখন তুমি পড়বে কোন বিপদে, সাহায্যছাড়া হয়ো না।
শত্রুকে নগ্ন করে দিয়ে, বন্ধুকে করে দাও তাদের পশমী কোট।'

৭৩) নিজের সাফল্যের রহস্য অন্যকে জানতে দিলে কেউ অসফল হয়ে যায় না

অনেক ধনী ব্যক্তিই নিজের সাফল্যের পিছনের কাহিনী গোপন রেখে দেন। অন্য কোন মানুষকে নিজের সাফল্যের সূত্রটি শোনাতে চান না। তাঁরা বলেন- 'এদেরকে গরীব রেখে দাও!'

আমি জীবনে অনেক ধাক্কা খেয়েছি। জীবনে অনেকবার অর্থনৈতিক ভাবে দূর্দশাগ্রস্থ হয়েছি। আমাকে একবার শুধু আলু খেয়ে থাকতে হয়েছিলো। বন্ধু সেজে কাছে এসে পিছনে ছুরি মেরেছে, এমন ঘটনাও আমার জীবনে ঘটেছে। কিন্তু, কখনো সেইসব মানুষ সম্পর্কে খারাপ ধারণা পর্যন্ত করিনি। কারণ, আমি এরকমই! মানুষকে বিশ্বাস করা আমার জন্মগত স্বভাব।

বেশির ভাগ মানুষই জীবনে সব সময় ভালো থাকতে চান। অথচ, এটা হওয়া সম্ভব নয়। অন্য অনেকের মতোই আমিও এরকম চিন্তার ফাঁদে পড়েছিলাম। সব সময়ই ভালো থাকতে চাইতাম। আমি জানতাম না- আধ্যাতিকতা অর্থ মানে শুধু ভালো হবে তা নয়, জীবনে মাঝে মাঝে মন্দের দেখা পাওয়াও আধ্যাত্মিকতার অংশ। সাফল্য লাভ বা অসাফল্যের মুখোমুখি হওয়াও এর বাইরে নয়।

বেশির ভাগ দরিদ্র মানুষই টাকা-পয়সার অভাবে দারিদ্রতার মুখোমুখি হয়। কিন্তু, আমি এমন একটি বংশে জন্মে নিয়েছি, যারা সত্যিকার অর্থে, মানসিক ভাবে দরিদ্র। আপনি কি বুঝতে পারছেন আমি আসলে কি বলতে চাচ্ছি?

ধনী-গরীব, উচু-নিচু শ্রেণীর ভেদা-ভেদ এইসব কিছুই মানুষের দৃষ্টিভঙ্গির উপর নির্ভর করে। কারা মধ্যম আয়ের লোক আর তাঁদেরকে কেমন ভাবে চলতে হবে, তা আমি আমার পরিবার থেকেই শিক্ষা প্রাপ্ত হয়েছি।

যেসব তরুণ-যুবক ঘরে বসে রয়েছেন, জীবনে কি করতে হবে বুঝতে পারছেন না, বা টাকার অভাবে কোন কিছু করতে পারছি না- এমন চিন্তাধারায় আক্রান্ত-----তরুণদের বলছি, এগুলো আপনাদের শিখানো হয়েছে। চাকরী পেতে কঠোর পরিশ্রম করো বা ধনী ব্যক্তিরা ভালো লোক নয় - একটু লক্ষ্য করলে দেখবেন, এমন চিন্তার সূতিকাগার আপনার পরিবার।

আমাদের স্কুলগুলো কখনোই কিভাবে টাকা আয় করতে হবে তা শেখায় না। আমাদের শিক্ষালয়গুলোতে কিভাবে একজন কর্মচারী, ডাক্তার, ইঞ্জিনিয়ার বা আইনজীবি হতে হয়, তা শিক্ষা দেওয়া হয়। এটা যদিও আমাদের জীবনের জন্যে গুরুত্বপূর্ণ, কিন্তু, এই শিক্ষার অসারতার দিকটা আমাদের ভেবে দেখতে হবে। কারণ, আমাদের স্কুলগুলোতে কিভাবে টাকা আয় করতে হয় তা শিক্ষা দেয় না! আমি অন্ততঃ সেই শিক্ষা পাইনি।

আমাকে হয়তো জিজ্ঞাসা করা হবে, আপনি যে বর্তমান শিক্ষা ব্যবস্থার বিরুদ্ধে বলছেন, আপনার বাবাও তো এই একই শিক্ষা ব্যবস্থাতে বড় হয়ে ধনী হয়েছেন। আসলে, আমার বাবা আমার দাদা'র ১৩ ছেলে-মেয়ের পরিবারে পড়া-লেখার ক্ষেত্রে খুব একটা সহযোগিতা পাননি। জীবনে নিজের বৃত্তির টাকা জমিয়েই পড়া-লেখা

করেছেন। পড়া-লেখা করতে কষ্ট করতে হয়, সেই ভাবনা তাঁর মনে এমন ভাবে গেড়ে গিয়েছিলো যে, আমার ছোট ভাইকে একবার নাইট স্কুলে ভর্তি করিয়ে দিয়েছিলেন।

আমার বাবা'র সেই শিক্ষা হয়তো আমাদের জন্যে আশির্বাদ হয়েই দেখা দিয়েছিলো। আসলে, মাঝে মাঝে, আমাদের মধ্যে এমনসব জিনিস আশির্বাদ বয়ে নিয়ে আসে, যা বাইরে থেকে দেখলে সেইসব জিনিসকে আশির্বাদ হিসেবে মনে হয় না। আমার নাইট স্কুলে পড়া ভাইটা এখন যুক্তরাজ্যের একটি আই,টি কোম্পানী'র চিফ টেকনোলোজি অফিসার। ঢাকার একটি অখ্যাত কলেজে পড়া আমি এখন একটি আন্তর্জাতিক কোম্পানী'র বাংলাদেশ পার্টনার হিসেবে ব্যবসা করছি। ঢাকার একটি অখ্যাত স্কুলে পড়া আমার আরেক ছোট ভাই একজন চিকিৎসক।

আমার বাবা শিক্ষক হিসেবে তাঁর বাবার আর্থিক কষ্টকে পেয়েছিলেন। তাই, তাঁর ছেলেরা এভাবে বড় হয়েছে। আর, আমি শিক্ষক হিসেবে স্কুলে যাদের পেয়েছি, তাঁরা ছিলেন একেকজন শিক্ষক নামের কলংক। আমি যখন ক্লাস নাইনে পড়ি, আমি একবার আমার শিক্ষককে জিজ্ঞাসা করেছিলাম- ''এই যে ক্যালকুলাস শিখছি, এটা আমার কি কাজে লাগবে?''

আমার শিক্ষক চোখ লাল করে তাঁর সামনের টেবিলকে দেখিয়ে বললেন- ''এইটার নিচে মাথা নিচে মাথা দিয়ে বল, গতকালকে পড়ানো 'এ প্লাস বি হোল স্কোয়ার'-এর সূত্র মুখস্থ করেছিস কি না?''

আমি টেবিলে মাথা ঢুকিয়ে আবারো প্রশ্ন করলাম- ''স্যার, এটা কি আমার কোন কাজে লাগবে?''

তিনি বলেছিলেন- ''না।''

''তাহলে, আমাদেরকে এটা পড়াচ্ছেন কেন!''

তাঁর উত্তর ছিলো- ''কারণ, আমি এটা পড়ানোর জন্যেই বেতন পাই।''

আপনার জীবনে অনেক ধরণের শিক্ষক পাবেন। আপনাকেই খুঁজে নিতে হবে- তাদের মাঝে কে নকল আর কে আসল। নকল শিক্ষকেরা যা বলেন তা নিজে করেন না। একজন আসল শিক্ষক সেটাই করেন যা তিনি অন্য মানুষকে করতে বলেন।

আমি প্রতিটি দিন আমার কাজ করে যাচ্ছি। আমার যেমন একাউন্টেন্ট আছেন, ঠিক তেমনি আছেন একজন আইনজীবি। সর্বোপরি, আমার ব্যবসায়িক প্রতিষ্ঠানে আমরা একটি দলের মতো কাজ করে যাচ্ছি।

কিন্তু, সবাই আপনাকে এটা বলবে না। অনেক ধনী এই কথাগুলো লুকিয়ে রাখবেন। দরিদ্রতা আসলে মানসিক সমস্যা। আমাদের মানসিকতাই আমাদের দরিদ্র করে রাখে।

আমরা যা চিন্তা করি তা পরবর্তীতে আমাদের রক্ত-মাংসে মানুষে পরিণত করে। 'আমি গরীব', 'আমার এটা করার সাধ্য নেই'- এই শব্দগুলোর দিকে একবার দৃষ্টি দিয়ে দেখুন। আমার বাবা যদি নিজের কষ্টের মাঝেই সীমাবদ্ধ থাকতেন, তাহলে নিজের ছেলেদের ধনী বানিয়ে যেতে পারতেন না।

দরিদ্র মানুষেরা বলে- 'আমি এই কাজ করতে পারবো না', 'এটা করার মতো এতো টাকা আমার নেই' ----এটা আসলে এক ধরণের আত্ম-সমর্পন, জীবনের সকল বাধা দেখে পালিয়ে যাওয়া। 'এটা করার মতো সাধ্য আমার নেই'- বলাটা আসলে খুব সোজা বলেই দরিদ্র মানুষেরা তা করে।

আসলে, আমার বাবা যদি তাঁর জীবনের প্রথম দিকের ধাক্কার কাছে আত্ম-সমর্পন করে আমাদের ঘরে বসিয়ে রাখতেন, তাহলে কি হতো? আমাদেরকে যদি উচ্চ শিক্ষার জন্যে বিদেশ না পাঠাতেন, তাহলে আমাদের কি হতো?

আসলে, তিনি জীবন যুদ্ধে আত্ম-সমর্পন করেননি। 'এটা করার মতো এতো টাকা আমার নেই'- এই কথাটি জীবনে বলেননি। বরং, বলেছেন- 'আমি কিভাবে আমার সীমিত আয়ের মাঝেও তোমাদের সাহায্য করতে পারি'।

জীবনের এই কোলাহলে, কিছু কিছু চিন্তা আমাদের স্বত্বাকে প্রসারিত হতে দেয় না। আমাদের চিন্তাকে জট পাকিয়ে ফেলে। 'আমার কিছু নেই', 'আমি কিছু করতে পারবো না'----এমন চিন্তা আমাদেরকে বুদ্ধিহীন জড় পদার্থে পরিণত করে। কিছু প্রশ্ন, আমাদের চিন্তাকে প্রসারিত করে, আবার কোন কোনটি চিন্তার গতিকে থামিয়ে দেয়।

ফুটবল একটি টিম গেইম। ক্রিকেটও তা-ই। কিন্তু, খেলা দু'টোর নিয়ম ভিন্ন। প্রতিটি খেলাই ভিন্ন ভিন্ন। মানুষের ক্ষেত্রেও বলতে হবে, তারা একই রকম রক্ত-মাংসে গড়া হলেও, একেকজন চলে একেক রকমের।

আমি তরুণ-যুবাদের বলবো, আপনারা আপনাদের নিজের জীবনের খেলাটি বেছে নিন।

=========
রবার্ট কিওসাকি'র একটি সাক্ষাৎকার থেকে অনুপ্রাণিত হয়ে লেখা
=======================================

৭৪) বড় হয়ে মেয়েটি ডাক্তার হতে চায়

একটি আর্ট স্কুল খুলবো বলে ঠিক করেছি। খুব সাধারণ একটি আইডিয়া। দেশের যত শহীদ মিনার আছে, সেগুলোতে প্রতি শুক্রবার ছিন্নমূল, পথশিশুরা আসবে। আমি তাদেরকে আর্ট করা শিখাবো। কিন্তু, সমস্যা হচ্ছে- আমি আর্ট করা পারি না। ছোটবেলায় এই বিষয়টায় ক্লাসের সবচেয়ে কম নাম্বার আমার ভাগ্যে জুটতো।

যাই হোক, আর্ট শিখানোর অনেক উপায় আছে। আমি শিক্ষক না হলেও চলবে। কিন্তু, শিক্ষার্থী পাবো কই! পথশিশুরা তো 'কামাই' করতে ব্যস্ত। তাই, চলে গেলাম পাশের এলাকার মাঠে। খুঁজে বের করলাম দুটি পথশিশুকে। একটি ১০/১২ বছরের মেয়ে, আরেকজন ৬/৭ বছরের ছেলে।

ঐ মাঠের শহীদ মিনারটি ময়লা। মানুষ সেন্ডেল-জুতা পড়েই সেটার উপর উঠছে। আমার সাথে বাচ্চাগুলোও সেখানে প্রথমে তাদের পায়ের স্যান্ডেল পড়েই শহীদ মিনারে উঠেছিলো। আমাকে মিনারের নিচে জুতা খুলে সেই ময়লায় বসতে দেখে, তারাও জুতাগুলো বাইরে রাখলো। এবারে, শুরু হলো গল্প। কার কি নাম, বয়স কত, কে কি করে।

কথায় কথায় হঠাৎ মেয়েটিকে জিজ্ঞাসা করলাম- আচ্ছা বলো তো, বড় হয়ে তুমি কি হবে? তার সংক্ষিপ্ত উত্তর- 'ডাক্তার'। আমি একটু অবাক হলাম। একটু আগেই মেয়েটিকে দেওয়া কেকের প্যাকেটে কি লেখা পড়তে বলেছিলাম, মেয়েটি বলতে পারেনি। জিজ্ঞাসা করলাম- ''তুমি কেন ডাক্তার হতে চাও?'' মেয়েটি উত্তর দিলো- ''মানুষের সেবা করতে চাই। মা-রে ফ্রিতে চিকিৎসা করাতে চাই।''

আমি মেয়েটিকে বললাম- তুমি একজন ডাক্তারের ছবি আঁকতে পারবে? সে এবারে বেশ উজ্জ্বল হেসে বললো- পারবো। আমি তার হাতে রং পেন্সিল আর অঙ্কনের একটি বড় সাদা ক্যানভাস তুলে দিয়ে বললাম- নিজের ইচ্ছা মতো যা মন চায় আঁকো, মা। আমি শুধু একজন ডাক্তারের ছবি দেখতে চাই।

মেয়েটি সাথে সাথে আঁকতে বসে গেলো। ঐ ময়লা শহীদ মিনারেই। তার চোখেমুখে এখন আলোর ঘন-ঘটা। সে তার আঁকা শেষ করতে পেরেছিল কি না জানি না, আমি তাকে ঐ মগ্ন অবস্থাতেই রেখে চুপে চুপে রাস্তায় নেমে গেলাম। গলায় তখন সেই চিরচেনা গান-

মাথায় পরেছি সাদা ক্যাপ,
হাতে আছে অচেনা এক শহরের ম্যাপ!

৭৫) লবিং করেও ৪ বছর চাকরী না পাওয়ার ব্যর্থতার কাহিনী

ফেইলিওর ইজ দ্যা পিলার অব সাকসেস। কথাটা বেশ কঠিন। লেগে থাকলে জীবনে সাফল্য আসবেই। কিন্তু, যতক্ষণ সাফল্য না আসে, ততক্ষণ মনের মাঝে যে চাপ পড়ে, তা অনেকেই সহ্য করতে পারেন না। আমি দেখেছি, এমন অনেকেই দুমড়ে-মুচড়ে গিয়ে আর উঠে দাঁড়াতে পারেননি, দেশ ছেড়ে ভেগেছেন। আমি তাদের একজন ছিলাম।

প্রায় আড়াই বছরের সেশন জ্যাম নিয়ে শাহজালাল বিশ্ববিদ্যালয় থেকে ২০০5 সালে বের হই। বিশ্ববিদ্যালয় জীবনে সংগঠক হিসেবে বেশ নাম-ডাক ছিলো। শেষের দিকে একটি ইসলামী দলে নাম লিখিয়েছিলাম। তখনো সেটা নিষিদ্ধ হয়নি। আর এটাই জীবনে কাল হয়ে দাঁড়ালো। আত্মীয়-স্বজনরা দূরে সরে গিয়েছিলেন। তাই, নিজ যোগ্যতায় চাকরী খুঁজতে হয়েছিলো। কিন্তু, বার বার ব্যর্থ হতে হয়।

দেশে বন্ধ হয়ে যাওয়া একটি টেলিকমিউনিকেশন কোম্পানিতে প্রথম ইন্টার্ভিউয়ের ডাক পাই। তবে, সেটা ছিলো মামার জোরে। ঐ কোম্পানী'র চীফ মার্কেটিং অফিসার মামার ছাত্র ছিলেন। তিনি তাই প্রথমে আমার সাথে কথা বলতে চাইলেন। নিয়ে গেলেন নিজের অফিসে। অফিসে যাওয়ার পথে লিফটে উঠেছি, তখন দেখি শাহজালাল বিশ্ববিদ্যালয়ের এক বড় ভাই। তিনি আমাকে দেখয়ে বললেন- "তুই এখানে কি করোস? ঐ ইসলামী দলে কি এখনো আছিস?" আমি মাথা নিচু করে ফেললাম। সি,এম,ও'র সামনে আমি বলতে পারলাম না যে- আমি সেই দলে আর নেই। তখনই বুঝেছিলাম- এখানে চাকরী হবে না।

তারপর, ৩টী ভাইভা বোর্ড পার হতে পারলাম। ভাইভা যদি ভালো হয়েছিলো, কিন্তু, মনের মাঝে খুঁতখুঁতানি, এসব যেন আমার মামার অদৃশ্য হাতের কারণেই হচ্ছে। শেষ পর্যন্ত, ওরা আমাকে নিলো না।

এবারে আমার আম্মা আমার এক চাচাকে ধরলেন। তিনি সাথে সাথে বললেন- আমার চাকরী হওয়া ৩ দিনের ব্যাপার। কালই ফোন করে দিবেন দেশের নামকরা মিশরের এক টেলিকম কোম্পানীর মালিককে। সেই ফোন করার অপেক্ষায় আমি ১ বছর ছিলাম। কোন ডাক পড়লো না। খুব মন খারাপ হয়েছিলো।

তারপরে, আমার আরেক নানা আমাকে নিয়ে গেলেন এক ফার্মাসিউটিকেলস কোম্পানির কাছে। সেখানের এক ডিরেক্টর আমাকে বললেন- ছাত্র জীবনে রাজনীতি করেছো? আমি 'হ্যাঁ' বলে দিলাম। ব্যাস! সেখানেও কিছু হলো না।

আমি নিজেও অনেক জায়গায় চেষ্টা করতে লাগলাম। কোন দিকেই কোন গতি এলো না। শেষে ভাবলাম, এই দেশেই আর থাকবো না। তত দিনে জীবন থেকে চার চারটি বছর নেই! চলে গেলাম দেশ ছেড়ে। দেশের তেমন একটা ক্ষতি হয়নি।

এখন, মাঝে মাঝে ভাবি, দেশ ছাড়ার সিদ্ধান্ত অনেক আগেই নেওয়া উচিৎ ছিলো। তখন হয়তো জীবন থেকে এতোগুলো বছর গায়েব হয়ে যেতো না! তারপরো, আমি সুখী। এখন আমি যে বেতন পাই, আমার সাথে পাশ করা খুব কম সহপাঠীই তা পায়। আল্লাহ আমাকে ভালো রেখেছেন।

৭৬) ছেলেটি থাকলো না

ছেলেটার নাম জিশান। স্কুল বন্ধ, তাই, বাবার সাথে চা বেঁচতো। আমাদের বাসার পাশের এলাকাতেই তাকে বেশি পাওয়া যায়। চা খাওয়ার পরে খদ্দেরদের রেখে যাওয়া কাপ পরিষ্কারে বাবাকে সাহায্য করে। আমি একদিন তাদের ভ্রাম্যমান চা-এর দোকানটার পাশ দিয়ে যাচ্ছিলাম। হঠাৎ, ফর্সা ছেলেটার দিকে তাকিয়ে থমকে দাঁড়ালাম। কি সুন্দর ছেলে! এই চা-ওয়ালার সাথে কি করছে!

চা-ওয়ালার সাথে আলাপ জুড়ে দিয়ে জানতে পারলাম যে এটা তার ছেলে। কথা বলতে বলতে কেঁদে ফেললো লোকটা। জানতে পারলাম- এই করোনাকালে ব্যবসা খুব খারাপ যাচ্ছে। ছেলেটার স্কুল বন্ধ। তাই, কাজে নিয়ে এসেছে। ছেলেটার জন্যে আমার খুব মায়া হলো।

আমার বিশুদ্ধ পানি'র প্রোগ্রামে দিয়ে দেওয়ার প্রস্তাব করলাম। চা-ওয়ালা রাজি হয়ে গেলো। আমার Water Project-এ নিয়ে এসেছি। ছেলেটিকে সারা দিন বসে থাকতে হয়। কাজ বলতে পানির জারটা দেখে রাখা। আর কোন কাজ নেই। ছেলেটিকে বেঞ্চে বসে থাকতে হয়। তৃতীয় দিন। ছেলেটির হাতে জাফর ইকবাল স্যারের টুকুনজিল বইটি তুলে দিয়ে বলেছিলাম- রোজ ২ পৃষ্ঠা করে পড়বে। এটা তোমার ডিউটি।

জিশান বেশি দিন থাকলো না। ইদের পরে আর কাজে আসেনি। হয়তো চা বেচাটাই তার কাছে বেশি আকর্ষণীয়। বাবার হাত ধরে সারা দিন এলাকায় এলাকায় ঘুরে বেড়ানো, হরেক রকম মানুষের দেখা পাওয়া, মাঝে মাঝে বাবা-র চা-এর জারের সাথে ঝোলানো প্যাকেট থেকে ১-২টা বিস্কিট চেয়ে খাওয়া- সারা দিন এক জায়গায় বসে থাকার চেয়ে অনেক আনন্দের।

সে যেখানেই থাক, ভালো থাকুক- বাবার সাথে।

৭৭) পথশিশুদের সাথে ঈদের আনন্দ ভাগাভাগির মজাই আলাদা!

আপনি হয়তো কখনোই সুখকে কিনতে পারবেন না, কিন্তু, দিলখুশ করা কিছু সুখী মূহুর্ত আপনাকে এমন কিছু কিনতে সাহায্য করবে যা অভাবীদের স্বপ্ন পুরণে সাহায্য করতে পারে। কখনো কোন দামী বিপনীবিতান, রেস্টুরেন্ট বা মার্কেটের আশেপাশে লক্ষ্য করেছেন কি? খেয়াল করে দেখেছেন কি কিছু পথশিশু বেলুন বিক্রি করছে? এমন হরহামেশাই দেখা যায়।

আমি বেশ কয়েক দিন এই পথকলিদের দিকে লক্ষ্য করে দেখেছি, এরা কখনোই দোকান হতে বের হবার পরে আমাদের হাতে ধরা ১০টা প্যাকেটের দিকে তাকায় না। বরং, কেন যেন, তাকিয়ে থাকে আমাদের মুখের দিকে। কেন? তাদের কি ইচ্ছা করে না ঐ ব্যাগে কি আছে তার দিকে একটু লোভাতুর নয়নে চেয়ে দেখতে? তাদের কি ঐ মূল্যবান কাপড়ের দোকান একবার ঘুরে আসতে সাধ জাগে না?

এমনই এক ভাবনা থেকে, গত ঈদের আগে, হঠাৎ করেই মনে হলো, পথশিশুদের এমন কোন দামী কাপড়ের দোকানে একসাথে দলবেঁধে ঢুকিয়ে দিয়ে তাদের পছন্দমতো জামাকাপড় কিনে দেওয়া যাক! যেই ভাবা, সেই কাজ!

আমার স্ত্রীকে পরিকল্পনাটা বলাতেই, লাফিয়ে উঠলেন। খুব পছন্দ হলো তাঁর আমার এই ইচ্ছা। ঠিক করলাম, লালমাটিয়ার আড়ং-এ নিয়ে যাবো পথশিশুদের। তারপরে, কিনে দিবো বোনাসের টাকা দিয়ে তাদের নিজেদের পছন্দ করা কাপড়!

নির্দিষ্ট দিনে, আমি আর আমার সহধর্মীনী চলে এলাম আড়ং-এ। কিন্তু, হায়! ঐদিন একটা পিচ্চুসকেও পেলাম না! ধানমণ্ডি সাতাশ ঘুরে রাপা প্লাজার সামনে দিয়ে চক্কর দিলাম। নেই তো নেই! কেউ নেই!

কোথায় গেলো! খুঁজতে খুঁজতে বের করলাম, আসাদগেট নিউকলোনীর মাঠের বাজারে সব কয়টা ভিড় করে আছে! গিয়ে জিজ্ঞাসা করলাম- "তোরা কয়জন এখানে?" সাথে সাথে ৩০-৩৫ জনের একটা দল দাঁড়িয়ে গেলো! সবাই পথশিশু। লাইন ধরিয়ে তাদেরকে হাঁটিয়ে নিয়ে গেলাম আড়ং-এ। যাওয়ার সময়ে সব্বাইকে মাস্ক পরান আমার স্ত্রী।

আড়ং-এর গেইট দিয়ে ঢোকার মূহুর্তে গার্ডকে ঘিরে হুড়োহুড়ি পড়ে গেলো। সবার হ্যান্ড স্যানিটাইজার চাইই চাই! বিশেষ করে সবচেয়ে ছোটগুলা 'আমারে দেন, আমারে দেন' বলে চিৎকার দিতে লাগলো! 'এঁদের নিয়ে কি যে করি' - সেটাই ভাবছিলাম। শেষে আমাকেই গিয়ে সমস্যার সমাধান করতে হলো।

পিচ্চি-পাচ্চাগুলোকে নিয়ে কাপড় চয়েসের সময়ে খুব ঝামেলা হবে ভেবেছিলাম। কিসের কি! আড়ং-এঁর সেলস গার্লস আর ম্যানরা খুব সাহায্য করলেন। আড়ং-এ সেদিন বেশ ভিড় ছিলো। অথচ, একজন

কাস্টমারকেও পথশিশুদের দেখে নাক সিটকাতে দেখলাম না। বরং, অনেকে ফোটো তুললেন তাদের সাথে! সঙ্গে আড়ং-এর কর্মীরাও!

সত্যিই, অভূতপূর্ব একটি দিন গিয়েছে সেদিন!

৭৮) ব্যবসায়ী আর ভ্রমণকারীদের সাথে খারাপ আচরণ দূর্ভোগ বাড়ায়

যে রাজা দূর দেশ থেকে আসা ব্যবসায়ীদের সাথে খারাপ আচরণ করেন, তিনি আসলে নিজের জনগণের জন্যেই দূর্ভোগ ডেকে আনেন। কোন জ্ঞানী ব্যক্তি কি এমন কোন ভূমিতে পা রাখবেন যে জায়গা সম্পর্কে বাজে কোন গুজব রয়েছে?

আপনি যদি নিজের নামের প্রচার চান, তাহলে, আপনাকে ব্যবসায়ী আর পর্যটকদের উচ্চ মর্যাদা দিতে হবে। কারণ, এসব মানুষই সারা পৃথিবীতে আপনার সুখ্যাতি বয়ে বেড়ায়। আর, আপনাকে সতর্কতা অবলম্বন করতে হবে সেই সব মানুষের ব্যাপারে যারা বন্ধুর বেসে এসে শত্রুতা করে, তারা আপনার ক্ষতিই চায়।

পুরানো বন্ধুদের বুকে জড়িয়ে রাখুন, কারণ, বিশ্বাসঘাতকতা তাঁদের পক্ষ থেকে আসে না।

যখন আপনার সেবক বা চাকর দুঃখে জর্জরিত হয়, তার প্রতি আপনার দায়িত্বের কথা ভুলে যাবেন না। যদিবা সে কখনো তার বৃদ্ধ বয়সের কারণে সেবা দিতে অপারগ হয়, তাই বলে উদারতার দ্বার তো আপনি বন্ধ করে দিতে পা্রেন না!

=====
শেখ সাদী, বোস্তান

৭৯) পরম বন্ধুর চেহারা, কিনলে হই আত্মহারা

একবার এক বৃদ্ধ লোক কোন এক মসজিদের দরজায় ভিক্ষা চাইতে গেলো। তা দেখে এক মুসল্লি বেরিয়ে এসে বললো- "এটা তো ভিক্ষা চাওয়ার স্থান না! নির্লজ্জের মতো এখানে দাঁড়িয়ে না থেকে অন্য জায়গায় যাও।"

"এটা কেমন বাড়ি যেখানে দরিদ্র মানুষদের অবস্থার প্রতি কোন করুণা দেখানো হয় না!" বৃদ্ধ লোকটি দুঃখ পেয়ে বললো।

"চুপ করো!" সেই মুসল্লি আবারো চিৎকার করে উঠলো, "এটা কি ধরণের কথা বলছো তুমি! এটা আমাদের খোদার বাড়ি।"

ভিক্ষুকটি এবারে কেঁদে ফেলে বললো- "হায়! আমাকে এমন একটি দরজা থেকে ফিরিয়ে দেওয়া হলো। আমি তো কোন রাস্তা থেকেই খালি হাতে ফিরে আসিনি। সেখানে আমাকে কি না খোদার দরজা থেকে নিরাশ হয়ে ফিরতে হলো! অথচ, সেখানেই তো আমার ভিক্ষার হাতটি পেতে দেওয়ার কথা কারণ আমি জানি, ঐ স্থান থেকে আমাকে খালি হাতে ফিরতে হবে না।"

একটি বছর সেই ভিক্ষুকটি মসজিদের সেবায় নিজেকে নিয়োজিত রাখলো। এক রাতে, সে যখন খুব দূর্বল বোধ করছিলো, তার হৃত্স্পন্দন ধীরে ধীরে কমে আসতে লাগলো। তারপরো, সেই ভিক্ষুকটি আশ্চর্যজনক আনন্দের সাথে বললো- "কোন ব্যক্তিই উদার সেই সত্ত্বার দরজায় কড়া নেড়ে নিরাশ হয়ে ফিরে যায় না।"

খোদাকে যে পেতে চায়, তাঁকে অবশ্যই ধৈর্য সহিষ্ণু হতে হয়। আমি কোন আলকেমিস্টকে কখনো দুঃখিত হতে দেখিনি। সে তো অনেক সোনাই ধুলাতে মিশিয়ে দেয়। কারণ, একদিন না একদিন, সে কপারের সেই ধুলোকে স্বর্ণে পরিণত করবেই।

সোনা কেনা ভালো। কিন্তু, পরম বন্ধু'র উজ্জ্বল মুখমণ্ডলের চেয়েও ভালো অন্য এমন কি এই দুনিয়াতে আছে যা তুমি কিনতে চাইতে পারো?

====
শেখ সাদী

৮০) কাজের মাঝেই সব কিছু আছে, ভয় কেন যদি লোকে কিছু কয় পাছে!

সে অনেক অনেক আগের কথা। এক দেশে একজন রাজপুত্র ছিলো যে দেখতে যেমন ছিলো কুৎসিত, তেমনি দৈর্ঘ্যেও ছিলো খাটো। কিন্তু, তার ভাইয়েরা ছিলো একেকজন ইয়া লম্বা আর সুদর্শন।

.

একদিন সেই রাজপুত্রটি দেখতে পেলো তার বাবা তার দিকে বিতৃষ্ণা আর অবজ্ঞার দৃষ্টিতে চেয়ে আছেন। রাজপুত্রটি ঠিকই বাবার চাহনির অর্থ বুঝে ফেললো। সে বললো-

.

''বাবা, আপনি কি জানেন, পুঁচকে জ্ঞানী ব্যক্তি একজন লম্বা অজ্ঞ মানুষ থেকে ঢের ভালো? শুধু বড় বলেই কোন জিনিসের দাম বেড়ে যায় না। একটা ভেড়ার মাংস খেতে অনেক ভালো, কিন্তু, হাতিরটা? সেটা পচে যাওয়া মাংসের স্বাদের মতো নয় কি? একটি বুড়ো আরবী ঘোড়া হয়তো দূর্বল হতে পারে। কিন্তু, তা আস্তাবল ভরা গাধার চেয়ে বেশি মূল্যবান।''

.

বাবা ছেলের কথা শুনে উচ্ছসিত হলেন। কিন্তু, অন্যান্য রাজপুত্রেরা এতে সন্তুষ্ট হতে পারলো না।

.

একজন মানুষ যখন কথা বলা বন্ধ করে দেয় । তখন, তার দোষ ও গুণ – দুটোই ঢাকা পড়ে যায়।
এটা ভেবো না যে, প্রত্যেকটি মরুভূমিই শূণ্য। কোন কোনটিতে তো ঘুমন্ত বাঘও থাকতে পারে।

.

কিছু দিন পরেই, এই দেশটির উপর এক শক্তিশালী রাজ্যের নজর পড়লো। দেশটিকে দখল করতে সেই রাজ্যটি বিশাল এক সেনাবাহিনী পাঠিয়ে দেশটিকে দখল করতে চাইলো। দুই রাজ্যের সেনাবাহিনী যখন পরস্পরের মুখোমুখি, সবাই দেখতে পেলো সেই খাটো রাজপুত্রটিই সবার আগে যুদ্ধক্ষেত্রে উপস্থিত হয়েছে।

.

"আমি তো সেই মানুষ নই যে যুদ্ধক্ষেত্রে পিঠ দেখাবে, বরং, আমি তো সেই ব্যক্তি যে মাটি কামড়ে সেখানেই পড়ে থাকবে।
যে জীবন বাজি রেখে লড়ে যায়, সে-ই তো বীর।
আর, যে যুদ্ধ থেকে পলায়ন করে, সে তো সেই ব্যক্তি যে নিজের সেনাবাহিনী'র রক্তের উপর দিয়ে দৌড়ে পালায়।"

.

এই কথাগুলো বলে সে শত্রুবাহিনীর উপর ঝাঁপিয়ে পড়লো। অনেকক্ষণ ধরে যুদ্ধ করে, অনেক শত্রুকে ধরাশায়ী করলো। এরপর, বাবার সামনে গিয়ে সালাম ঠুকে বললো-

.

"তার উদ্দেশ্যে বলছি, যিনি আমাকে অবজ্ঞার দৃষ্টিতে দেখেছিলেন-
যিনি আমার বীরত্বের গভীরতা সম্পর্কে সন্দিহান ছিলেন-
যুদ্ধের দিনে, একটি সরু পেটওয়ালা ঘোড়াই কাজে লাগে,
মোটা ষাঁড়ের কি কাজ সেইখানে!"

.

রাজার সেনাদের তুলনায় শত্রুবাহিনীর সংখ্যা আসলেই অনেক বেশি ছিলো। শত্রুবাহিনী'র প্রচন্ড আক্রমনে রাজার বাহিনী পিছু হটতে থাকলো। তা দেখে সেই পুঁচকে রাজপুত্র আবারো বলে উঠলোঃ "তোমরা মেয়েদের কাপড় পড়তে দ্বিধা বোধ করছো কেন!"

.

এই কথা শুনে, সেই রাজার সেনারা খুব লজ্জা পেলো। তারা ঘুরে দাঁড়িয়ে শত্রুর সাথে প্রাণপন যুদ্ধ করে বিজয় ছিনিয়ে নিয়ে এলো।

.

এই যুদ্ধের পর রাজা সেই ক্ষুদে রাজপুত্রের মাথায় ও চোখে চুমু খেয়ে তাঁকে নিজের পরে রাজা হবার ঘোষণা দিলেন। কিন্তু, সেই রাজপুত্রের অন্য ভাইয়েরা এতে হিংসায় জ্বলতে লাগলো। তারা করলো কি, একদিন রাজপুত্রের খাবারে বিষ মিশিয়ে দিলো। বিষ মিশালে কি হবে, সেই অকাজ তাদের বোন হাতে-নাতে ধরে ফেলে সেই রাজপুত্রকে ইশারায় জানিয়ে দিলেন।

.

খাবারে বিষ মিশানো আছে তা বুঝে ফেলে, রাজপুত্রটি বললো- "এটা কিভাবে হয় যে একজন সম্মানীয় ব্যক্তি এই ভাবে মৃত্যু লাভ করবে! বরং, যারা এটা করেছে, তারা নিজেদের জায়গায় থাকার যোগ্য নয়।"

.

পেঁচার ছায়ার নিচে কেউই যাবে না,
এমনকি সম্মান বলতে কোন কিছু যদি এই পৃথিবী থেকে প্রস্থান করে।

.

বাবা যখন এই ঘটনা শুনতে পেলেন, তখন সেই রাজপুত্রের ভাইদের তীব্র ভাবে তীরস্কার করে প্রত্যেককে একেকটি প্রদেশের দায়িত্ব দিয়ে সে সব জায়গায় নির্বাসনে পাঠিয়ে দিলেন যতদিন না নিজেদের মাঝের ঝগড়া তারা নিজেরাই মিটিয়ে না ফেললো।

.

কিন্তু, কথায় আছে- "একটি কম্বলের নিচে ১০ জন দরবেশ থাকতে পারলেও, একই রাজ্য দুইজন রাজাকে রাখতে পারে না।"

.

একজন ধার্মিক মানুষ একটি রুটিকে দুই টুকরো করে একটি নিজের জন্যে রাখে, অপরটি দরবেশকে দিয়ে দেয়।
অথচ, একজন রাজা সাতটি রাজ্য জয় করার পরও, আরো একটি জয় করার ধান্ধায় থাকে।

.

.

.

========

মূলঃ শেখ সাদী, গুলিস্তান

৮১) নিঃশব্দ রাতে পিছু ডাকা শৈশব

চারদিকে এখন ঝিঁঝিঁপোকারা ডেকে চলেছে। সন্ধ্যা শেষ হয়ে চারপাশে রাতের অন্ধকারের ঘনঘটা। সেই আঁধারে খুব ক্লান্ত কোন মানুষ সেদিকে তাকিয়ে রাতের সৌন্দর্যগুলোর সাথে যুঝতে না পেরে কোন অজানা পথ ধরে চিরঅন্ধকার জঙ্গলে হারিয়ে যায় একদিন।

কিন্তু, সে জানে না, সেই অন্ধকার জঙ্গলে তাকে অনুসরণ করে চলেছে ছোট ছোট কিছু মানুষের দল। তারা এই বনে অনেক আগে থেকেই বাস করছিলো। হয়তো তারা ভবিষ্যতেও এখানেই বেঁচে থাকবে। তার পিছনে ছুটে একটাই প্রশ্ন খুঁজে বেড়াচ্ছে এই অশরীরী মানুষের দলটি, এই নিষিদ্ধ বনে অচেনা এ আগুন্তুক কি চায়?

আমরা যদি সেই অজানা, নামহীন জায়গায় বাস করতাম, তখন কি আমরা পথিকের এই উদ্দেশ্যহীন পথচলা চোখে চেয়ে চেয়ে দেখতে পারতাম? মনে হয় না। কিন্তু, আমরা জানি না, পথিকের সেই রহস্যময় পথচলা বুঝতে আমাদেরকে আবারো ছোটবেলায় ফিরে যেতেই হবে। সেই রহস্যলোভী ছোটবেলাতে ফিরে যেতে তবে বাঁধা কোথায়?

জীবনের অদৃশ্য ইশারায় আমরা স্বার্থের নাগপাশে বাঁধা পড়ে এগিয়ে চলি পিচ্ছিল পথে। মিথ্যায় আচ্ছাদিত সে পথ আমাদের ভুলিয়ে নিয়ে যায় কণ্ঠরোধ করা কোন পরাবাস্তব জগতে। বেঁচে থাকার কোন অবলম্বনের খোঁজে আমাদের সে ভীত পথচলা শেষ হয় না যতদিন না আমরা নতুন কোন পথের সন্ধান পাই।

সেই পথচলায় সঙ্গী হয়ে চারপাশের জীবনযাত্রা তাই বলে আমাদের জন্যে থেমে থাকে না। নীলাকাশ কি আমাদের জন্যে তার রং পাল্টে ফেলে অন্য রং ধারণ করে কখনো? কখনোই না।

তা সে কেন করবে যখন আমরা অলীক মরিচিকা'র পিছনে ছুটে চলেছি? তাই চলো যাই সামনে ছুটে সেই বাঁধন ছিড়ে যা আমাদের শৈশবে ফিরে যেতে বাঁধ সাধে। তবেই না আমাদের বুকের অতল গহ্বরে বাঁধা পড়া আত্মা আলোকিত পথে ধাবিত হবে! সেই পথে ছুটে গিয়ে আরেকটি সুযোগ নিতে বাধা কোথায়, বন্ধু?

আমাদের মনে রাখতে হবে, আমরা যদি কখনো জীবনের এই আত্মহারা ছন্দটি বুঝতে পারি, হয়তো নীলাকাশে উড়াল দিতে আমাদের আর কেউ বাঁধা দিবে না।

৮২) আমাদের জ্ঞানের পরিধি অপরিসীম

জ্ঞানতাপস রুমী বলেছেন- 'তুমি সমুদ্রের এক ফোঁটা পানি নও, বরং সেই এক ফোঁটা পানিতে পুরো একটি সমুদ্র।'

কোয়ান্টাম ফিজিক্স বলে, আপনি যদি আলো থেকে একটি ফোটন কণা নিয়ে সেটিকে একটি ব্ল্যাকহোলের মধ্যে নিক্ষেপ করেন, তবে সেই আলো'র ফোটন কণাটি বিশ্বজগতের সমস্ত তথ্য বহন করবে! কোয়ান্টাম ফিজিক্স এই সেই দিন ব্যাপারটি আবিষ্কার করেছে। আসলে, এখনো কেউ ব্ল্যাকহোলে কোন ফোটন কণা নিক্ষেপ করা হয়েছে কি না তা আমার জানা নেই। কিন্তু, আমাকে অবাক করে, যদি ব্যাপারটা সত্যি হয়ে থাকে, এতো বছর আগে রুমী কিভাবে ব্যাপারটা জানতে পারলেন?

পৃথিবী'র আদ্যিকাল থেকে জ্ঞান বিকশিত হতে হতে আমাদের কালে এসেছে। বিশাল এই জ্ঞানের ভান্ডার আমরা আমাদের মস্তিস্কে বয়ে চলেছি যার কোনটা আমরা জানি, আর কোনটা আমাদের ধরা-ছোঁয়ার বাইরে থেকে যায়। বিজ্ঞানীরা বের করেছেন, এখন পর্যন্ত ১৪ ধরণের জ্ঞান এই পৃথিবীতে বিদ্যমান। এইসব জ্ঞানের উৎস যে মস্তিস্ক আর তার ৮৬ বিলিয়ন নিউরন, সেটার সম্পর্কে আমরা আসলে খুব কমই জানি। আমি জানি না, এখন পর্যন্ত কয়টা নিউরন আমার ব্রেন ব্যবহার করেছে, কোন জ্ঞানটা কোন নিউরনে অবস্থিত। সেগুলোকে বের করার উপায় কি?

রুমী হয়তো জানতেন। তিনি এখন থাকলে হয়তো প্রশ্নের উত্তরগুলো বের করা যেতো।

৮৩) ভালো কিছু লিখতে না পারলে, আমি চুপটি করে বসে থাকি

হে শাইয়্যান, ভালো কিছু বলতে না পারলে চুপ থাকাই শ্রেয়। জিহবা'র অসঙ্গত ব্যবহার মানুষকে ধ্বংসের পথে নিয়ে যেতে পারে। আধুনিক কালের জন্যে এমন করে কি বলা যায়- 'কি-বোর্ডে আঙ্গুলের অসংযত ব্যবহার মানুষকে ধ্বংসের পথে নিয়ে যায়'? একটা ঘটনা বলি।

একবার কোন এক রাজপুত্রের সাথে এক দরবেশের দেখা হলো। রাজপুত্র দরবেশের কাছে উপদেশ চাইলে, তিনি বললেন- 'সর্বদা চুপ করে থাকবে।' প্রাসাদে ফিরে রাজপুত্র সবার সাথে কথা বন্ধ করে দিলেন। সবাই ভাবলো রাজপুত্র বুঝি পাগল হয়ে গেছে। তাঁর এই অবস্থা দেখে বাবা, সেই রাজ্যের রাজা খুব চিন্তিত হয়ে পড়লেন। একমাত্র পুত্রের এমন অবস্থা হলে তো বড় চিন্তার কথা।

রাজার উজির-নাজিররা পরামর্শ দিলেন যে রাজপুত্রকে যদি পাখী শিকারে নিয়ে যাওয়া হয়, তাহলে তিনি হয়তো কথা বলতে বাধ্য হবেন। রাজা শিকারের আয়োজন করতে বললেন। যথা দিনে সবাই শিকারে রওনা হলেন।

গাছের নিচে ঘাপটি মেরে পাখী খুঁজতে খুঁজতে চলছে রাজার বাহিনী। তাঁদের পায়ের আওয়াজে পাতার আড়ালে লুকিয়ে থাকা পাখীগুলো হঠাৎ কিচির-মিচির শব্দ করে উড়ে যেতেই রাজার সৈন্যরা ধনুকে তীর লাগিয়ে ছুড়তে থাকে। তীর খেয়ে অনেক পাখী ধরাশায়ী হয়।

তা দেখে এতক্ষণ সবকিছু পর্যবেক্ষণ করতে থাকা রাজপুত্র বলে উঠলেন- 'যতক্ষণ পাখীগুলো চুপটি করে ছিলো, তারা নিরাপদে ছিলো। মুখ খুলতেই দেখো তারা কেমন নিজের বিপদ ডেকে এনেছে।'

এবারে সবাই বুঝলো যে আসলে রাজপুত্র পাগল হয়ে যায়নি, তাঁকে কেউ বুঝিয়েছে চুপ করে থাকাই শ্রেয়। কথাটা রাজার কানে যেতেই তিনি বললেন যে করেই হোক পুত্রকে কথা বলাতে হবে।

সবাই মিলে এবারে রাজপুত্রকে পিটাতে লাগলো। অনেকক্ষণ ধরে মার খেয়ে রাজপুত্র নিজেকে নিজেই বললেন- 'হে মন, বনে মাত্র একবার কথা বলেছিলে বলে আজ তোমার এই অবস্থা। তুমি যদি বেশি কথা বলতে না জানি তোমার অবস্থা কি হতো!'

যে যত নিশ্চুপ থাকে, কম কথা বলে সে তত বিপদ থেকে নিরাপদ। ভালো কথা বলা নিশ্চুপ থাকার থেকে শ্রেয়, আর নিশ্চুপ থাকা খারাপ কোন কিছু বলার থেকে ভালো।

প্রিয় শাইয়্যান,

আধুনিক কালে ব্লগ আমাদের কথা বলা, চিন্তা-ভাবনা প্রকাশ করার মাধ্যম। অনেককেই বলতে শুনেছি, ব্লগ এবং ফেসবুকের মধ্যে পার্থক্য অনেক ব্লগাররাই বুঝেন না। যাচ্ছে-তাই লিখে পোস্ট করে বসেন। আবার, খুব কম সংখ্যক ব্লগারই যথোপযুক্ত কমেন্ট করতে পারেন। তাই, অনেকেই হয় মন্তব্যের উত্তর দেন না, নাহয় স্কিপ করে যান। এমন হতে পারে যে, তাঁরা উপরের বর্ণিত নীতি অবলম্বন করেন।

সেজন্যেই, জ্ঞানীরা বলেছেন, চিন্তা করে কথা বলুন, লিখুন, মন্তব্য করুন। যদি এমন না করতে পারেন, নিশ্চুপ থাকুন। তা আপনাকে সাফল্য লাভে সহায়তা করবে, এটা নিশ্চিৎ করে বলা যায়।

৮৪) আমি কেন একজন শিক্ষক হলাম?

আমি বাজারে গিয়েছিলাম। হঠাৎ, দেখলাম, একজন বয়সের ভারে নুয়ে পড়া মানুষ আমার সামনে দিয়ে হেঁটে যাচ্ছেন। মানুষটাকে চেনা চেনা মনে হচ্ছিলো। আমি একটু দ্রুত হেঁটে তাঁর সামনে যেতেই তাঁকে চিনতে পারলাম। তিনি আমার প্রাইমারী স্কুলের শিক্ষক!

আমি মানুষটার পা ধরে সালাম করে আমার পরিচয় জানাতেই তিনি আমাকে বুকে জরিয়ে ধরলেন। তারপরে, বললেন- "আমি আসলে তোমার চেহারা মনে করতে পারছি না! তুমি কেমন আছো? কি করছো এখন?"

আমি তাঁকে জানালাম, ", স্যার, আমি এখন শিক্ষকতা করি। আপনিই আমার অনুপ্রেরণা!"

তিনি হাসলেন। বললেন- "আমার কোন কাজটি তামকে অনুপ্রেরণা দিয়েছে শিক্ষক হত্যে?"

আমি বললাম, "স্যার, আমি যখন ক্লাস ফাইভে পড়ি, আমার এক বন্ধু একটি দামী ঘড়ি নিয়ে এসছিলো ক্লাসে। ঘড়িটি দেখে আমার খুব লোভ হোয়। টিফিন টাইমে আমি তাঁর ব্যাগ থেকে ঘড়িটি চুরি করি।

পরবর্তীতে, আমার বন্ধু যখন আপনার কাছে তাঁর ঘড়ি হাঁরিয়ে যাওয়ার কথা নালিশ করে, আপনি ক্লাসের দরজা বন্ধ করে আমাদের সবাইকে ঘড়ি ফেরত দিতে বলেছিলেন। তারপরও, আমি সেই ঘড়ি ফেরত দেই নাই।

তখন আপনি আমাদের সবাইকে চোখ বন্ধ করতে বলে আমাদের সবার পকেট একে একে সার্চ করেন। এক পর্যায়ে, আমার পকেটে ঘড়িটি পেয়ে আপনি আমার বন্ধুকে সেই ঘড়ি ফেরত দেন। কিন্তু, আশ্চর্যের বিষয়, সেদিন আপনি আমাকে কিচ্ছু বলেন নাই! আমার নামটিও কাউকে বলে দেন নাই!

এরপরে থেকে আমি সিদ্ধান্ত নিই যে, আমি বড় হয়ে শিক্ষক হবো। আপনার সেই দিনটার কথা মনে আছে, স্যার? এবারে নিশ্চয় আপনি আমাকে চিনতে পারছেন?"

আমার কথা শুনে আমার স্যার মৃদু হাসলেন। তারপরে, বললেন, "আমার সেই দিনটার কথা মনে আছে, বাবা! কিন্তু, তোমাকে আমি এখনো চিনতে পারছি না, কারণ, যেদিন তোমার পকেটে আমি হাত দিয়ে ওটা খুঁজে পাই, তখন তোমাদের মতো আমার চোখও বন্ধ ছিলো!"

৮৫) চাঁদের ভাবনায় চন্দ্রাহতের এক ভাবালু রাত

মায়াবী রাতে চাঁদ দেখতে অসম্ভব সুন্দর! সে সময়ে, তাকে কাছে পেতে সব সময়ই মন চায়। কিন্তু, তাকে কাছে পেতে তো ৩,৮৪,৪০০ কিলোমিটার পাড়ি দিতে হবে, সাথে পকেটে লাগবে কয়েকশো কোটি টাকা!!...এই চিন্তা চাঁদের সৌন্দর্যকে এতোটুকু ম্লান করে না! বরং, সে তার রুপালী আলোকে এক ডিগ্রী বাড়িতে দিয়ে চন্দ্রাহতের এই অপরিনামদর্শী ভাবনায় ফিকফিকিয়ে হেসে ফেলে।

চাঁদের সেই হাঁসি তাকে কাছে পেতে চাওয়া মানুষটিকে কেমন যেন ভাবালু করে দেয়। কিছুটা দিকভ্রান্তও করে ফেলে কি? যদি, করেও ফেলে, তাতে কি হয়েছে!!! দিকভ্রান্ত হওয়া খারাপ, এটা কে বললো!

কখনো কখনো তো উপরেরটা নিচ, আর নিচটা উপর করা ভালোও তো হতে পারে!

৮৬) একাকীত্বে ভুগবে কেন স্বর্ণের মানুষগুলো!

দার্শনিক জালালুদ্দিন রুমী বলেছেন, "একাকীত্বে ভুগো না, পুরো এই মহাবিশ্বটাই তোমার মাঝে আছে। খুব ছোট হওয়া বন্ধ করে দাও, তুমি নিজেই তো আপন গতিতে চলতে থাকা এক মহাবিশ্ব। নিজের জীবনকে আগুনে উৎসর্গিত করো। যারা তোমার আগুনের শিখাগুলোকে উদ্দিপিত করতে পারবে, তাঁদের খোঁজ শুরু করে দাও।"

জীবনের কোন না কোন সময়ে এসে আমরা নিজেকে একাকীত্বের সাগরে নিমজ্জিত অবস্থায় আবিস্কার করি। কেউ পাশে নেই, সবাই ভুল বুঝছে- এই অনুভূতি আমাদের পিছু ঠেলে দেয়। একাকীত্বের যাতনায় হৃদয়টা দুমড়ে-মুচড়ে যায়। কান্নায় ভেঙ্গে পড়ি তখন। অনেকে জীবন ছেড়ে স্বেচ্ছায় অকালে চলে যাওয়ার সিদ্ধান্তও নিয়ে বসেন।

অথচ, একটু যদি খেয়াল করে দেখেন, আপনি কিন্তু একা নন। পুরো সৃষ্টি'র বিস্ময় যে মানুষ, আপনি তো সে-ই। আপনার ক্ষমতা অপরিসীম। আপনার মাঝেই দুনিয়া জয় করার সাহস দেওয়া হয়েছে। দেওয়া হয়েছে সৃষ্টি করার অপার দক্ষতা। আপনিই সেই ব্যক্তি যিনি আলেকজান্ডার হয়ে দিগ্বী জয় করেছেন। আপনি তো সে-ই যে সকল বাধা অতিক্রম করে তেনজিং হয়ে হিমলায়ে উঠেছেন। আপনার মাঝেই তো লুকিয়ে আছে জ্ঞানসাধক আল জাবের, শেক্সপিয়ার, ওমর খৈয়াম, আইজ্যাক নিউটন আর আইনস্টাইন হওয়ার চেতনা।

কিন্তু, হায়! আপনি নিজেকে ক্ষুদ্র ভেবে হেয় করেন। নিজেকে তাচ্ছিল্য করেন। নিজেকে হাসি-ঠাট্টার অতি পাংক্তেয় বস্তুতে পরিণত করেন। আপনি যদি জানতেন আপনি মহাসমুদ্রের মাঝে এক ফোঁটা পানি নন, বরং একটি ফোঁটা পানিতে পুরো এক মহাবিশ্ব....আপনি কি নিজেকে এতোটা ছোট ভাবতে পারতেন?

তাই, সবার আগে নিজেকে জানুন। চোখ বন্ধ করে নিজেকে একটু সময় দিন। নিজেকে জানার এই 'যুদ্ধে' আপনাকে সবাই সাহায্য করতে পারবে না। নিজের এই অপার সম্ভাবনা নিজেকেই আগে উপলব্ধি করতে হবে। আর, এ কাজে যিনি বা যারা আপনাকে সাহায্য করতে পারবেন, তাঁদেরকে খুঁজে বের করুন।

একাকীত্বের ভয়েই কি মানুষে মানুষে যুদ্ধ হয়?

মানুষ কখনোই একা থাকতে চায় না। সে সৃষ্টিকর্তাই হোক কি মানব কিংবা মানবী, অথবা নশ্বর সম্পদ, মানুষের একজন সঙ্গী চাইই চাই। আর, যখন নিজের সঙ্গী বা সঙ্গিনীর উপর অন্য কেউ কর্তৃত্ব করতে চায় বা দখল নিতে চায়, মানুষ তখন গোল বাধিয়ে দেয়। একাকী থাকার ভয়ে নিজের সঙ্গীকে অন্যের বগলবন্দি হতে দেখা মানুষের আদতেই নেই যে! আর, যখনই একাকী থাকার ভয়, তখন ঈর্ষা এসে মনে বাসা বাধে।

সেই আদ্যিকাল থেকে এই পৃথিবীর মানুষগুলোর মাঝে এমন স্বভাব লক্ষ্য করা গিয়েছে। আদমের দুই ছেলের সুন্দরী সঙ্গীনী নিয়ে পরস্পরের মাঝে ঝামেলা কি সে কারণেই হয়নি? নিজের ছোট ভাইয়ের প্রতি বাবাকে বেশি অনুরক্ত হতে দেখেই তো বাবাকে হারাবার ভয়ে ইয়াসূফকে কুয়াতে ফেলে দিয়েছিলো বড় ভাইয়েরা।

.

একাকীত্বের কারণে মানুষ কত ভুলই না করে বসে! নিজের স্বামীর কাছ থেকে ক্রমাগত প্রবঞ্চনায় একাকীত্বে দিশেহারা জুলেখা ইউসুফের সৌন্দর্যে মজেছিলো কি? কালের গর্ভে একা হারিয়ে না যাওয়ার ভয়ে অমরত্বের খোঁজে আলেকজান্ডার কি পুরো পৃথিবী তোলপাড় করে বসেনি?

.

বর্তমান কালের মানুষে মানুষে যে যুদ্ধ হয়েছে বা হচ্ছে, সেগুলোর পিছনের কারণ খুঁজলেও একই জিনিসই দেখা যাবে। তা হচ্ছে- একাকীত্বের ভয়। কি হতো যদি ফিলিস্তিনের মানুষেরা অভিমান করে ইসরায়েলীদের হাতে সব কিছু দিয়ে মরুভূমির বুকে ফেরার হয়ে গেলে? এমন তো নয় যে, মরুভূমির বুকে যাযাবর জীবন-যাপন করা আরবের মানুষদের জন্যে নতুন কিছু!

তবুও কেন এই সংঘাত, মিসাইল ছুড়াছুড়ি? খোদা আবাবিল পাঠিয়ে মক্কার ক্বাবা শরীফ বাঁচাতে পারলে, নিরীহ শিশুদেরকে কেন নিজেদের রক্তের বিনিময়ে জেরুজালেমের বায়তুল মুকাদ্দাসকে রক্ষা করার দায়িত্ব নিতে হবে? আচ্ছা, এসব না করলে খোদা কি তাদের কাছ থেকে হারিয়ে যাবেন? নাকি খোদাতায়ালা ইসরায়েলীদের পক্ষে চলে যাবেন আর ফিলিস্তিনীরা একা হয়ে পড়বে? ইসরায়েলীরাও নিশ্চয় ঐ একই রকম চিন্তা করছে!

.

সেই একই কারণ দেখা যায় রাশিয়া - ইউক্রেন কিংবা আফগানিস্তান যুদ্ধে। ক্রিমিয়াকে রাশিয়ার অধীনে ছেড়ে দিতে ইউক্রেনীদের এতো অনীহা কেন? আবার, ক্রিমিয়ানদের কাছে পেতে রাশিয়ানরা এতো উতলা কেন! নিজেদের ভূমি রক্ষার দাবীতে অঙ্গ বসর্জন দিয়ে হলেও সোভিয়েত ইউনিয়ন আর আমেরিকার সাথে আফগানিস্তানীদের মারামারি করতে হবে কেন?

.

কি হবে একটা ভূমি হাতছাড়া হয়ে গেলে? খোদা অখুশি হবেন? খোদাকে অখুশি করলে কি হবে? তিনি কি আমাদের একা ছেড়ে দিবেন? তিনি সর্বক্ষণের সঙ্গী মানবকে একা ছেড়ে দিলে, সেই একাকী মানবের খোদা তখন কে হবেন? খোদার জায়গায় তখন কে থাকবেন? আর, মানুষ নিজেই একা হয়ে গেলে, খোদা তখন কার সঙ্গী হবেন?

৮৭) এক কাপ চায়ের সাথে 'ইকিগাই'

আজ সন্ধ্যায়, লিভিংরুমে বসে 'ইকিগাই' বইটি পড়ছিলাম। বইটি পড়তে পড়তে মাঝে মাঝে ভাবনার রাজ্যে ডুব দিচ্ছি। ভাবছি, জীবনের চল্লিশটি বসন্ত পার হয়ে গেলো। তবু কি নিজের জীবনের উদ্দেশ্য জানতে পেরেছি?

জাপানের মানুষেরা বিশ্বাস করে - প্রত্যেকটি মানুষের একটি 'ইকিগাই' আছে যা তাকে প্রতিটি দিন সকালে বিছানা থেকে লাফ দিয়ে জেগে উঠতে সাহায্য করে।....এই বইটির কল্যাণে আপনারা হয়তো সবাই জানেন যে, 'ইকিগাই' অর্থ 'জীবনে বেঁচে থাকার উদ্দেশ্য'।.....নিজের জীবনের বেঁচে থাকার উদ্দেশ্য জেনে ফেলা খুব একটা সহজ কাজ নয়।

.

পৃথিবীর ৫টি Blue Zone হচ্ছে জাপানের ওকিনাওয়া, ইতালীর সারডিনিয়া, আমেরিকার ক্যালিফোর্নিয়ার লোমা লিন্ডা, কোস্টারিকার দ্যা নিকোয়া পেনিনসুলা এবং গ্রীসের ইকারিয়া অঞ্চল।....'ইকিগাই' আছে বলেই, এই পাঁচটি ব্লু জোনের অধিবাসীরা পৃথিবীর অন্যান্য দেশের মানুষের চেয়ে অনেক দিন বেশি বেঁচে থাকেন , সেই সাথে তাঁদের কম অসুখ হয়ে থাকে!

ভাবনায় ব্যাঘাত ঘটলো, বিবিজান এসে হাতে এক কাপ চা ধরিয়ে দিলেন। চায়ের কাঁপের দিকে তাকালাম। সুন্দর করে লেবু দিয়ে সাজানো এক কাপ চা! চট জলদি একটি ছবি তুলে ফেলে চায়ে চুমুক দিতে দিতে বইটির অতলে আবারো ডুবে গেলাম।

৮৮) বাচ্চাদের উপর দয়া করে বোমা বর্ষন করবেন না

বাচ্চাটি হা করে আকাশের দিকে তাকিয়ে আছে! সেখানে অজস্র ছোট ছোট বিন্দু। সে জানে না, সেই বিন্দুগুলোর নাম ফাইটার বিমান। সেই বিমানগুলোর পেট থেকে আরো ছোট ছোট কি যেন দ্রুত তার মাথার উপরে নেমে আসছে!

সে যখন মায়ের পেটে ছিলো, তার বাবা তাদের একা রেখে চির জীবনের জন্যে আকাশে চলে গিয়েছিলেন। মা এমনটাই বলেন। রাত যখন গভীর হয়, তখন মা তাকে কোলে নিয়ে মাঝে মাঝে আকাশের দিকে তাকিয়ে বাবাকে দেখিয়ে দেন। সেখানে উজ্জ্বল তারাগুলোর একটাই বুঝি তার বাবা!!!

.

ঐ আকাশ থেকেই আজ ঐসব বিন্দুগুলোতে করে বাবা তার জন্যে কিছু পাঠাচ্ছেন কি!!! বাচ্চাটি ভাবে। কিন্তু, বাবা তারাটি তো সাদা, উজ্জ্বল! আর, আজকের দিনের আকাশের বিন্দুগুলো তো কেমন যেন কালো কালো! তাহলে???

.

বাচ্চাটির মাথার উপরের কালো তারাগুলো আস্তে আস্তে বড় হতে হতে মাটি ছোঁয়, জেট বিমান থেকে ছোড়া বোমের তীব্র ধাক্কায় বাচ্চাটির কমল দেহটি কিছু বুঝে উঠার আগেই মাটিতে মিশে যায়!

৮৯) হনুমানজী

হনুমান হিন্দু শাস্ত্রে একজন পূজনীয় ব্যক্তি। হিন্দুদের ভগবান রামের বানর সঙ্গী। অন্যায়কারী রাবণ যখন সীতাকে উঠিয়ে নিয়ে গিয়েছিলো, হনুমান রাবনের লংকায় আগুন ধরিয়ে দেন। তথাপি, হনুমান আমার প্রিয় একটি চরিত্র।
ঐতিহাসিক ফিলিপ লুজেনডোর্ফের মতে, হনুমান অর্থ 'যাঁর গর্ব হত হয়েছে'। হিন্দু পুরাণে আছে - শিশু হনুমান সূর্যকে ফল ভেবে তা খেতে চেয়েছিলেন। পরে, দেবতা ইন্দ্রের কারণে তিনি আঘাতপ্রাপ্ত হলে সূর্যকে আর খাওয়া হয়নি। হনুমান বীরত্বপূর্ণ ও শক্তিশালী কাজ, দৃঢ়তা এবং শ্রেষ্ঠত্বের প্রতীক।

হনুমান ছিলেন রামের একনিষ্ঠ ভক্ত। রাবণের বিরুদ্ধে যুদ্ধে রাম যখন জয়ী হোন, তখন তিনি আর সব সাহায্যকারীদের মতো হনুমানকেও একটি উপহার দিয়েছিলেন। কিন্তু, হনুমান সেই উপহার ফেলে দেন। এতে রামের সভাসদরা ক্ষুদ্ধ হলে, হনুমান জানান যে, রামকে স্মরণ করার জন্য উপহারের প্রয়োজন নেই, রাম সর্বদা তাঁর হৃদয়ে থাকবেন।

সভাসদরা হনুমানকে চ্যালেঞ্জ করলে, হনুমান তাঁর বুক চিড়ে ফেলেন। তখন সবাই দেখতে পান, হনুমানের বুকে রাম ও সীতার মুর্তি। পরবর্তীতে, হনুমানকে আবার জীবিত করে তুলেন রাম। রাম এবারে হনুমানকে অমরত্বের আশীর্বাদ করেন। এবারেও হনুমান তা প্রত্যাখ্যান করে রামের পায়ের কাছে থেকে তাঁকে পূজা করার অনুমতি চান।

এই যখন নির্লোভ হনুমাণের চরিত্র, তখন তাঁকে বিজেপির অনুসারীদের সাথে তুলনা করা উচিৎ হলো, চাঁদগাজী ভাই???!! আমি খুব ব্যথিত হলাম।
বাংলাদেশের প্রথম মুক্তিযোদ্ধা গেরিলা দল
গতকাল শালাবাবুকে নিয়ে দুপুরের খাবার খেতে বেরিয়েছিলাম। নগরীর আম্বরখানা এলাকায় ৩৬০ আউলিয়াদের একজন মিয়া শাহ ধনমুজি (রহঃ)-এর মাজার। সেই মাজার পার হওয়ার সময়ে হঠাৎ-ই মাথায় একটি প্রশ্ন এলো- 'হযরত শাহ জালালকে মুক্তিযোদ্ধা বলা যাবে কি?'

আমি প্রশ্নটি একটু ঘুরিয়ে আমার শালাবাবুকে জিজ্ঞাসা করলাম- "বাংলাদেশে প্রথম মুক্তিযুদ্ধ কবে হয়েছিলো? মুক্তিযোদ্ধাদের মাঝে প্রথম কে মুক্তিযুদ্ধে যোগ দিয়েছিলেন? সিলেটি মুক্তিযোদ্ধা কারো নাম বলো তো?"

আমার শালাবাবু আমার প্রশ্ন শুনে একটু টাস্কি খেয়ে গেলো! সে বললো - "দুলাভাই, বাংলাদেশের মুক্তিযুদ্ধ কবে হয়েছিলো তা তো সবাই জানেন, ১৯৭১ সালে! প্রথম কে মুক্তিযুদ্ধে যোগ দিয়েছিলেন তা জানি না। তবে, প্রথম কাতারে মনে হয় জেনারেল এম,এ,জি ওসমানী ছিলেন।"

আমি একটু হাসলাম। তারপরে বললাম- "তোমার কি মনে হয় না যে, সিলেট বা বাংলাদেশের প্রথম মুক্তিযুদ্ধ সেই ৭০০ বছর আগে হয়েছিলো? যদি, মুক্তিযোদ্ধারা সাধারণ মানুষকে শোষণ মুক্ত করার জন্যে লড়ে থাকেন, তাহলে, হযরত শাহ জালাল এবং তাঁর সফরসঙ্গীরা তো মুক্তিযোদ্ধা ছিলেন! কারণ, তাঁরা অনেক দূর থেকে আমাদের ভূমিতে এসেছিলেন অত্যাচারী এক রাজা থেকে এই দেশের মানুষকে মুক্ত করতে!"

তাহলে, হযরত শাহ জালাল এবং তাঁর সফরসঙ্গীদের কেন মুক্তিযোদ্ধা বলা যাবে না! বাংলাদেশের এই ক্রান্তি লগ্নে সিলেটের মানুষকে শোষণ মুক্ত করা মুক্তিযোদ্ধা হযরত শাহ জালাল (রহঃ) এবং ৩৬০ আউলিয়ার ভূমিকা স্মরণ করছি। তাঁদের ঝটিকা আক্রমণের ফলেই সিলেটে গৌড় গোবিন্দ রাজার পতন হয়।

নিচে আমার প্রডাকশন হাউজের বানানো একটি ডকুমেন্টারি- 'হযরত শাহ জালাল (রহঃ): একজন অমুসলমানের দৃষ্টিতে'।

৯০) এমন ভৃত্যকে নিজের পাশে রাখুন যে আপনার কথা অক্ষরে অক্ষরে শুনবে

আজ আমি আপনাদের একটি গল্প বলবো। এই গল্পটি একজন রাজা, তাঁর সভাসদ এবং রাজার ভৃত্যকে নিয়ে। এ যেমন-তেমন ভৃত্য নয়! আমাদের রান্নাঘরে বা খাবার রুমে রাতে বিছানা পেতে শোওয়া ভৃত্যটির মতো তো নয়ই! বরং, সে ছিলো এমন এক ভৃত্য যাকে রাজা নিজ রাজ দরবারের সিংহাসনের পাশে বসার অনুমতি দিয়েছিলেন! বুঝুন কি ছিলো তার মহিমা!

অবশ্য এই নিয়ে রাজ দরবারের সভাসদের গাই-গুই তো লেগেই ছিলো! সেটা যখন অসন্তোষে রূপ নিলো,রাজা করলেন কি একদিন সবাইকে একটি বিশেষ সময়ে আসতে বললেন। নির্দিষ্ট দিনে সবাই এসে উপস্থিত হলেন। সেখানে রাজার ভৃত্যটিও ছিলো।

রাজা তখন নিজের মুকুট মাটিতে নামিয়ে সভাসদদের একে একে ডাক দিয়ে বললেন যে, তারা যেন তাঁর মুকুটটি পা দিয়ে পিষিয়ে ভেঙ্গে ফেলে। রাজার কথায় সবাই খুব অবাক হলেন! কেউই সেই কাজটি করতে রাজি হলেন না।

এবারে, রাজা তাঁর ভৃত্যকে ডাকলেন। বললেন, সে যেন মুকুটটি পা দিয়ে মাড়িয়ে ভেঙ্গে ফেলে। ভৃত্যটি নিজের জুতাটি শক্ত করে বেধে মুকুটটি ভাঙতে যাবে, সেই মুহুর্তে, সভাসদ-কোটাল-সেনাপতি সবাই তলোয়ার বের করে ভৃত্যকে ঘিরে ফেলে বললেন- "ওরে হতভাগা! নিমকহারাম! তুই আমাদের রাজার মুকুটকে পায়ে দলে অসম্মান করতে যাচ্ছিস, সামান্য ভৃত্য হয়ে তোর এত্তো বড় সাহস!"

এই বলে তারা যখন ভৃত্যকে মেরে ফেলতে যাবে, তখন রাজা হুংকার দিলেন- "খামোশ! কেউ আমার ভৃত্যকে একটি আঘাতও করবে না।"

সভাসদরা তখন খুব অবাক হলেন। বললেন- "হুজুর, এই হতাভাগা আপনার নিমক খেয়ে নিমক হারামী করতে যাচ্ছিলো! আমরা না থামালে তো সে আপনার মুকুটটাই ভেঙ্গে ফেলতো!"

তখন রাজা বললেন - "সে কোন নিমক হারামি করে নাই! তোমরা এতো দিন ধরে আমার পাশে থেকেও আমার হুকুমের অমান্য করলে! মুকুটটি ভাঙতে অস্বীকৃতি জানালে! আরে, তোমরা তো শ্রদ্ধা করো আমার মুকুটকে! আর, সে? আমার ভৃত্যটি তার প্রভুর মুখ নিঃসরিত বাণীকে অনুসরণ করেছে। অর্থাৎ সে আমাকে ভালবেসেছে, আমার মুকুটকে নয়।"
"এখন বলো, নিমক হারাম কে বা কারা?"

৯১) এয়ারপোর্টের পিএ সিস্টেমে বেজে উঠলো প্রেমিকের আবেদন- "উইল ইউ মেরি মি?"

হিন্দি সিনেমায় এয়ারপোর্টের একটি বিশেষ ভূমিকা আছে। দেখা গিয়েছে, নাটকীয়তা আনতে, ১০টা হিন্দি ফিল্মের মধ্যে ৮টিতেই নায়ক-নায়িকার মিলন বা প্রণয় ঘটার স্থান হিসেবে এয়ারপোর্টকে বেছে নেওয়া হয়। আর, এই ব্যাপারটা লক্ষ্য করেই নিজের জীবনের সবচেয়ে গুরুত্বপূর্ণ অধ্যায়কে স্মরণীয় করে রাখতে অকল্যান্ড এয়ারপোর্টকে বেছে নেন যশরাজ!

যশরাজ ছাবরা এবং রিয়া শুক্লা, দুই প্রেমিক প্রেমিকার কর্মস্থল দুই ভিন্ন দেশে। যদিও রিয়ার জন্ম নিউজিল্যান্ডের অকল্যান্ডে, রিয়াকে কাজের জন্যে অস্ট্রেলিয়ার মেলবোর্নে থাকতে হয়। অন্যদিকে, যশরাজ এখনো অকল্যান্ডে বাস করেন। অগত্যা, এই ভিন্ন দুই দেশ থেকেই যশরাজ এবং রিয়াকে নিজেদের প্রেম জীবন চালাতে হয়!

শেষ পর্যন্ত একদিন, যশরাজ সিদ্ধান্ত নিলেন যে, প্রেমিকাকে বিয়ের প্রস্তাব দিবেন। কিভাবে এই মূহুর্তকে আবেগঘন করে রাখা যায়? ভাবতে থাকলেন যশরাজ! ভাবতে ভাবতে বের করলেন, হিন্দি সিনেমার নায়কের মতো করে নিজেদের অকল্যান্ড এয়ারপোর্টে প্রেমিকাকে বিয়ের প্রস্তাব দিবেন।

যেই ভাবা সেই কাজ! যশরাজ লিংকডইনে অনুমতি চেয়ে এয়ারপোর্টের বিভিন্ন অফিসারের কাছে ম্যাসেজ পাঠাতে লাগলেন। এক পর্যায়ে, অকল্যান্ড এয়ারপোর্টের কমিউনিকেশন ম্যানেজারের দৃষ্টিগোচর হয় যশরাজের ম্যাসেজ। তিনি রাজি হয়ে যান নিজের কর্মস্থলে এমন একটি কাণ্ড ঘটাতে!

নির্দিষ্ট দিনে, রিয়া তখনও নিউজিল্যান্ডের পথে আকাশে, সব যোগারযন্ত্র নিজেই করে রাখলেন কমিউনিকেশন ম্যানেজার। ফুল, কেক, দিনটাকে ধরে রাখতে ভিডিও ক্যামেরা - সবই যোগাড় করে দিলেন ম্যানেজার!
রিয়া উড়োজাহাজ থেকে নেমে নিজের ব্যাগেজের জন্যে অপেক্ষা করছেন! এই সময়ে তার ফোনে আত্মীয়দের একটার পর একটা কল আসতে লাগলো। সবাই তার কুশল জানতে চাচ্ছেন। উদ্দেশ্য রিয়াকে অন্য দিকে ব্যস্ত রাখা। এই করতে করতে রিয়া সবেমাত্র এয়ারপোর্ট মেইন হলে এসেছেন, সেই মূহুর্তে পিএ সিস্টেমে বেজে উঠলো যশরাজের কণ্ঠস্বর - "উইল ইউ মেরি মি?
আর, সেই সাথে, অকল্যান্ড এয়ারপোর্টের ইতিহাসে ঢুকে গেলেন যশরাজ এবং রিয়া!

তথ্যসূত্রঃ সি,এন,এন

৯২) শাইয়্যান, আল্লাহ যেন তোমার মৃত্যুকে নবীদের মতো সহজ করে দেন

প্রিয় শাইয়্যান,

আজ শনিবার তোমার বেশ ব্যস্ততায় যাচ্ছে। এটা ভালো। তুমি মৃত্যুকে ভুলে থাকতে পারছো। মৃত্যু ভয় ঠিক এই মূহুর্তে তোমার মাঝে আর কাজ করছে না। তোমার মাঝে একটার আশার সঞ্চার হয়েছে, মহান খোদাতায়ালা তোমার মৃত্যুকে নবীদের মতো সহজ করে দিবেন।

মৃত্যুর ফেরেশতা আজরাইল হযরত মুসা আলাইহিস সালামের জান কবচ করার আগের কালে মানুষের কাছে প্রকাশ্যে নিজ রূপ ধরে আসতেন। মুসা নবীর কাছেও এভাবে এসেছিলেন। কিন্তু, মুসা নবী তাঁকে এমন চড় মেরেছিলেন যে তাতে মৃত্যুর ফেরেশতার একটি চোখ খুলে পড়ে যায়। তখন আজরাইল গিয়ে আল্লাহর কাছে বিচার দিলে, আল্লাহ মুসার কাছে তাঁর মারফত এই খবর পাঠান যে- মুসা যেন একটা ষাঁড়ের পশমের উপর হাত রাখেন। আর, মুসা'র হাতের নিচে যত পশম ঢাকা পড়বে, ততো বছর তাঁর মৃত্যু হবে না। এটা শুনে মুসা জিজ্ঞাসা করলেন- ''এরপরে কি হবে?" তিনি উত্তরে জানতে পারলেন যে, এতো দীর্ঘ কাল বেঁচে থাকার পরে তাঁর মৃত্যু হবে। মুসা তা শুনে আজরাইলকে বললেন- "তাহলে আমার জান এখনই কবচ করুন।"

দেখেছো, শাইয়্যান? মৃত্যু তো হবেই, তা যত দেরীতে আসুক না কেন! কিন্তু, সেটা যেন সম্মানের হয়।

মৃত্যুর ফেরেশতা একবার হযরত ইবরাহীম (আঃ)-এর কাছে গেলেন। ইবরাহীম নবীকে বললেন- "আল্লাহ আপনার জান এমন ভাবে কবচ করতে বলেছেন যাতে আপনার কোন কষ্ট না হয়।" নবী ইবরাহীম আজরাইলকে ফেরত পাঠালেন। আল্লাহ এবারে আজরাইলকে বললেন- "তুমি ইবরাহীমকে গিয়ে বলো যে- বন্ধু বন্ধুর সাথে দেখা করতে চেয়েছেন।" আজরাইল ফিরে গিয়ে ইবরাহীমকে এই কথা বললে, তিনি উত্তরে বললেন- "তোমার উপর যে নির্দেশ আছে তা পূরণ করো।"

কি বীরের মতো উত্তর! হযরত দাউদ (আঃ)-এর মৃত্যুর কথা তোমার মনে আছে, শাইয়্যান? কি নীরবেই না তিনি মৃত্যুবরণ করেন!

হযরত দাউদ (আঃ)-এর আত্মসম্মান বোধ খুব বেশি ছিলো। তিনি বাইরে যাওয়ার সময়ে তাঁর ঘরের দরজা সব সময়ে লাগিয়ে যেতেন। এ থেকে বুঝা যায়, তাঁর সময়ে ঘরের দরজা খুলে রাখার চল ছিলো। একবার ঘরে ফিরে দাউদ নবী দেখলেন যে- একজন ব্যক্তি তাঁর ঘরের দরজায় দাঁড়িয়ে আছেন। পরিচয় জিজ্ঞাসা করতেই সেি লোকটি বললেন- ''আমি সেই ব্যক্তি যে কোণ রাজা-বাদশাহকে ভয় পায় না এবং কোন প্রতিবন্ধকতাই আমাকে আটকে রাখতে পারে না।" দাউদ নবী বুঝতে পারলেন যে, ব্যক্তিটি মৃত্যুর ফেরেশতা। তখন দাউদ নবী বাড়ির ভিতরে প্রবেশ করলেণ। সেখানেই তাঁর জান কবচ করা হয়।
শাইয়্যান,

তুমি আল্লাহর কাছে দোয়া করো- এভাবেই যেন তোমার মৃত্যু হয়- সহজ ও সম্মানের সাথে। মৃত্যুর ফেরেশতা যেন তোমার কাছে এসে সালাম দেন। আল্লাহ তোমার দোয়া কবুল করবেন।

৯৩) চড়ুই পাখীটা এখন কোথায় যাবে

বাইরে হঠাৎ করেই ঝড়ো হাওয়া বইছে! বাসার ড্রইংরুমে বসেছিলাম। বাইরে তাকিয়ে দেখি একটা চড়ুই পাখী ইলেকট্রিক তারে বসে আছে। বাতাসে কাঁপছে!

একটু পরেই বৃষ্টি নামবে বলে মনে হচ্ছে। বৃষ্টি হলে চড়ুই পাখীটা কোথায় আশ্রয় নিবে? হয়তো কোন বাসার কার্নিশে। সেখানেই হয়তো সে অপেক্ষা করবে বৃষ্টি বন্ধ হওয়ার।

আমরা কত ভাগ্যবান! আমাদের মাথার উপর নিজেদের একটা ছাদ আছে! হঠাৎ আসা বৃষ্টিতে চড়ুইটার মতো আমাদের ভিজতে হয় না! কে আমাদের এতো ভাগ্যবান করে তৈরী করলেন?

চড়ুই পাখীটার জন্যে চিন্তা হচ্ছে।

৯৪) আপনারা তাঁদেরকে ছুঁতে পারবেন কি?

পশ্চিমের একটি দেশে বাস করা দুই সিনিয়র সিটিজেন পথ দিয়ে হেঁটে চলেছেন। অনুমান, প্রায় ১০০ ছুঁইছুঁই বয়স। আমি তাঁদের নাম জানি না। তাই মনে মনে দুটো নাম ঠিক করলাম দুই বয়স্ক পুরুষ ও মহিলা'র জন্যে - রিচার্ড এবং মার্থা। পশ্চিমে এরকমই নাম রাখা হতো এক সময়ে। যুগের আবহে কত কিছু বদলে গেছে! যেমন বদলে গেছে সমাজ নিয়ে চিন্তা করার মতো মানুষ।

.

মানুষ এখন সামাজিক বন্ধনকে নিয়ে তেমন কিছু চিন্তা করে না! পশ্চিমের দেশগুলোতে বিয়ে-বিচ্ছেদের হার মহাপ্লাবনের মতো আকাশ ছুঁয়েছে। সেই প্লাবনের ঢেউ এখন বাংলাদেশের মতো প্রাচ্যের দেশগুলোতে আঘাত করছে!

.

রিচার্ড আর মার্থা'র দিকে পথচলা অনেকেই তাকিয়ে তাকিয়ে দেখছেন। সেদিকে ভ্রুক্ষেপ নেই এই বয়স্ক দুই মানুষের। হেঁটেই চলেছেন তাঁরা। তাঁদের পড়নের টিশার্টের পিছনে লেখা......"সেই ১৯৫২ সাল থেকে - একসাথে"!

হাঁটতে হাঁটতে তাঁরা একসময়ে দৃষ্টিসীমার আড়ালে হারিয়ে গেলেন।

৯৫) শৈশবের স্মৃতিঃ আমার আব্বার ছেঁড়া স্যান্ডেল

আমি ছোটবেলা থেকেই খুব পাঁজি ছিলাম। যাকে বলে একদম পাঁজির পাঝাড়া! প্রত্যেক ঈদের সময়ে আমার বাঁদরামো সীমা ছাড়িয়ে যেতো। বিশেষ করে ইদের নতুন পোশাক কেনার সময় আমার গোয়ার্তুমি ছিলো দেখার মতো। এমন কোন ঈদ ছিলো না যখন আব্বার সাথে ইদের কাপড় কিনতে গিয়ে মাটিতে গড়াগড়ি করে কাঁদিনি! কিন্তু, ক্লাস সেভেনে উঠার পরে এক ঈদে এমন এক ঘটনা ঘটেছিলো, যার পর থেকে আমি আর কখনোই নতুন কাপড় কেনার জন্যে ঝামেলা পাকাইনি।

আমার আব্বা ছিলেন একজন সরকারী কর্মকর্তা। সততার জন্যে তাঁর খুব নামডাক ছিলো। তাঁর শেষ চাকুরী জীবনে তাঁকে নিশান পেট্রোল জীপ দেওয়া হয়েছিলো। আমার যত দূর মন পড়ে, তিনি খুব কমই সেই গাড়িটি পরিবারের জন্যে ব্যবহার করেছেন। এমনকি অফিস থেকে দেওয়া পেন্সিল বা কলমও তিনি আমাদেরকে ব্যবহার করতে দিতেন না। এমনই ছিলো তাঁর সততা।

যাহোক, আমি তখন ক্লাস সেভেনে ধানমণ্ডি বয়েজ হাই স্কুলে পড়ি। চাঁদ রাতে ইদের কাপড় কিনতে আমি ও আমার ছোট ভাই আব্বুর সাথে বেড়িয়েছি। আমার ছোট ভাই বরাবরের মতোই পিতার অনুগত বাধ্য ছেলে। সেই রাতে আমিই সবার আগে ইদের কাপড় কিনলাম। আমি যেটা পছন্দ করলাম আব্বু সেটাই কিনে দিলেন। আমি বেশ খোশ মেজাজে আছি। কিন্তু, বিপত্তি ঘটলো জুতা কিনতে গিয়ে। এলিফেন্ট রোডের একটি 'একদর' সাইনবোর্ড ঝুলানো দোকানে আমার একটি জুতা খুব পছন্দ হলো। কিন্তু, কি কারণে যেন আব্বা আমাকে সেটা কিনে দিলেন না। এরপরে সারা এলিফ্যান্ট রোড ঘুরেও আমার আর জুতা পছন্দ হয় না। শেষতক আব্বু সেই দোকানে ফিরে এসে আমাকে আমার পছন্দের জুতাটি কিনে দিলেন। আমি মহা খুশি মনে বাসায় ফিরে এলাম।

পরের দিন ইদের জামাতে যাওয়ার জন্যে আব্বুর সাথে নতুন কাপড় পড়ে রওনা হলাম। মসজিদের কাছে আসতেই দেখি আব্বার হাঁটার গতি স্লথ হয়ে এলো। আমি একটু বিরক্ত হয়ে পিছন তাকিয়ে দেখি - আব্বু উবু হয়ে বা পায়ের স্যান্ডেল খুলে হাতে নিয়ে আমাদের সাথে সাথে আসছেন। মসজিদের কাছে এসে আমাদেরকে একটু দাঁড়াতে বললেন। আমাদের আসাদগেট নিউ কলোনির মসজিদের উলাটা পাশে একজন হিন্দু মুচি বসতেন। আব্বু তাঁর কাছে নিজের পুরনো স্যান্ডেল জোড়া দিয়ে আমাদেরকে বললেন- চল, সে ঠিক করুক। আমরা নামাজের পরে স্যান্ডেল নিয়ে নিবো।

আমি মুচির সামনে দাঁড়িয়ে আছি। আব্বুর কথা আমার কানে যাচ্ছে না। মুচি আংকেল ততক্ষণে ছেঁড়া স্যান্ডেল জোড়া লাগাতে লেগে গিয়েছেন। আব্বু আবারো ডাকলেন। আব্বুর ডাক আবারো আমার কানে গেলো না। চোখ ছলছল করে একবারে আমার পড়া দামী নতুন জুতার দিকে তাকাচ্ছি, আর একবার মুচির হাতে ধরা আব্বুর স্যান্ডেলের দিকে।

৯৬) মহাবিশ্বের অস্তিত্ব নিয়ে চিন্তা করতে স্টিভেন হকিং-এর মতো কৌতূহলী হতে হয়

''আসলেই, অক্ষমতার কারণে, আমার সাহায্যের প্রয়োজন হয়। কিন্তু আমি সর্বদা আমার অবস্থার সীমাবদ্ধতাগুলি অতিক্রম করার এবং যতটা সম্ভব একটি পরিপূর্ণ জীবনযাপন করার চেষ্টা করেছি। আমি অ্যান্টার্কটিকা থেকে শুরু করে শূন্য মাধ্যাকর্ষণ পর্যন্ত ভ্রমণ করেছি।''

.

স্টিভেন হকিং-এর কথা মনে আছে? আমি বিংশ শতাব্দীর অন্যতম সেরা তাত্ত্বিক পদার্থবিজ্ঞানীদের একজন, স্টিফেন উইলিয়াম হকিং-এর কথা বলছি। তিনিই এই কথাগুলো বলেছিলেন।

.

আপনারা হয়তো সবাই জানেন, বিশ্ববিদ্যালয়ে থাকাকালীন সময়ে ALS নামক এক দুরারোগ্য রোগে চলৎশক্তিহীন হয়ে পড়েছিলেন তিনি। এমনকি কথা বলা বন্ধ হয়ে গিয়েছিলো তাঁর। ডাক্তাররা হকিং-কে বলেছিলেন যে, ২/৩ বছরের মাঝে তাঁর মৃত্যু হবে।

.

কিন্তু, সেটা তাঁকে থামাতে পারেনি। লাভ করেছিলেন পি,এইচ,ডি ডিগ্রী....হয়েছিলেন পৃথিবীর সেরা বিজ্ঞানীদের একজন। তিনি তাঁর শারীরিক অক্ষমতাকে নিজের ইচ্ছে পূরণের ক্ষেত্রে বাধা হয়ে দাঁড়াতে দেননি! তিনি এমন একটি সায়েন্টিফিক মডেল দাঁড় করান যা বলে- 'সীমা বলতে আসলে কিছু নেই।' আমাদের পায়ের সীমা আছে, কিছু অনন্ত নক্ষত্ররাজির কোন সীমা-পরসীমা নেই!

.

আমি ফিজিক্স বুঝি না। বিজ্ঞান আমার কাছে অন্য গ্রহের এক বার্তা। কিন্তু, স্টিফেন হকিংদের মতো মানুষদের কাছ থেকে শিখেছি-

''কোন বাধাতেই থেমে থাকলে চলবে না। 'বাধা'-কে আশির্বাদ হিসেবে দেখতে হবে। স্টিভ হকিং-এর শারীরিক অক্ষমতার জন্যে চলৎশক্তিহীন হয়ে মহাবিশ্ব নিয়ে চিন্তা করার 'সময়' না পেলে, আমরা হয়তো 'বিগ ব্যাং থিওরি' পেতাম না!

আমাদেরকে চারপাশে যা ঘটছে তা অনুভব করার চেষ্টা করে মহাবিশ্বের অস্তিত্ব নিয়ে চিন্তা করতে হবে। আমাদেরকে হতে হবে কৌতূহলী! জীবন আপনার কাছে কঠিন হয়ে যতই ধরা দিক না কেন, আপনি কোন না কিছু করে সেই বাধাকে অতিক্রম করে জীবনে সফল হয়ে উঠতে পারবেন!''

৯৭) "স্বপ্ন সেটা নয় যা তুমি ঘুমিয়ে দেখো, স্বপ্ন সেটাই যেটা তোমাকে ঘুমাতে দেয় না।"

স্বপ্ন কিনবেন, একটা স্বপ্ন? আমার কাছে হরেক রকমের স্বপ্ন আছে! এই যেমন আজ 'মিসাইল মানব' বলে খ্যাত ভারতের প্রাক্তন প্রেসিডেন্ট ড. এপিজে আব্দুল কালামের একটি 'স্বপ্নের ঝাঁপি' নিয়ে আপনাদের সামনে উপস্থিত হয়েছি। তিনি বলেছেন-

"স্বপ্ন সেটা নয় যা তুমি ঘুমিয়ে দেখো, স্বপ্ন সেটাই যেটা তোমাকে ঘুমাতে দেয় না।"

ভারতের প্রাক্তন রাষ্ট্রপতি ড. এপিজে আব্দুল কালামের এই উদ্ধৃতিটি একটি স্বপ্ন কতটা শক্তিশালী হতে পারে এবং তা আমাদের জীবনে কী রকম প্রভাব ফেলে সে সম্পর্কে মনে করিয়ে দেয়। আব্দুল কালামের মতে, একটি স্বপ্ন শুধু ঘুমের সময় অনুভব করা একটি ক্ষণস্থায়ী চিন্তা বা দৃষ্টি নয়, বরং তা এমন কিছু যা আমাদেরকে এগিয়ে নিয়ে যাওয়ার এবং আমাদের জীবনকে গঠন করার ক্ষমতা রাখে।

কালামের মতে, একটি সত্যিকারের স্বপ্ন এমন কিছু যা আমাদের অনুপ্রাণিত করার ক্ষমতা রাখে, আর ঘুম থেকে জেগে উঠলে এটি আমাদের সাথে রয়ে যায়। এটি যেসব বিষয়ে আমরা উত্সাহী সেই লক্ষ্য অর্জন না করা পর্যন্ত আমাদের বিশ্রাম দেয় না। একটি স্বপ্ন - যার এই ধরনের শক্তি আছে, সেটা আমাদের জীবনকে পরিবর্তন করতে পারে, সেই সাথে আমাদের ভবিষ্যতকে ইতিবাচক রূপ দিতে পারে।

সামগ্রিকভাবে, এই উদ্ধৃতিটি আমাদের আবেগকে অনুসরণ করার এবং আমাদের জীবন পরিবর্তন করার ক্ষমতা রাখে - এমন স্বপ্নগুলিকে ধরে রাখার জন্য একটি উদাহরণ। শুধু তা-ই নয়, এটি আমাদেরকে একটি কর্মময় জীবনের দিকে আহবান করে, আমাদের লক্ষ্যের দিকে কাজ করার জন্য উৎসাহ দেয়, আর, আমরা যেন এমন কাজ করি যাতে করে আমাদের স্বপ্নগুলি পূর্ণ হয় সেই দিকে আমাদের নিয়ে যায়। আমাদের মনে রাখতে হবে যে, কোন কাজ যতই কঠিন মনে হোক না কেন, আমাদের মাঝে কোনক্রমেই 'হাল ছেড়ে দেওয়ার' মানসিকতা গড়তে দেওয়া যাবে না।

৯৮) 'আমি ইউনিক!' 'আমার মতো আর কেউ নয়!' - এটা মনে রাখতে হবে

"আজ আমিই যে 'আমি'! সত্যের চেয়েও বিরাট সত্য এটা!
আমার চাইতে বড় 'আমিত্ব' নিয়ে, কেউ বেঁচে নেই, আজ যে এথা!

বিখ্যাত ছড়াকার ডঃ সিউসের একটি ছড়ার এই দুইটি লাইন নিয়ে চিন্তা করছিলাম। নিজের 'আমিত্ব' কত যে বিশাল একটা ব্যাপার, তা এই ছড়া থেকে বুঝা যায়। আর, সেই আমিত্বকে সত্য বলে বরন করে নেওয়ার সময় আজই!

প্রতিটি ব্যক্তিই স্বতন্ত্র। একজন স্বতন্ত্র স্বত্বা হিসেবে জীবনের একটি বার্তাকে আমাকে গ্রহণ করে নিতে হবে। সেই বার্তাটি হ'ল- আমার মতো পুরো এই মহাবিশ্বে আর কেউ নেই, আমি ইউনিক! আমার ব্যক্তিত্ব এতোটাই অসাধারণ যে, আপনি কখনোই আমার মতো হতে পারবেন না। এই যে আমি লিখছি, এর মাঝে আপনি যে স্বতন্ত্রতা দেখছেন, তা আপনি হাজার চেষ্টা করেও কেড়ে নিতে পারবেন না।

আমি ছোট লেখা লিখতে পছন্দ করি, কমেন্টের কারো প্রশ্নের উত্তর দিতে আমার দেরী হয়, কারো মনে আঘাত দেওয়ার কথা মাথায় আনতে হাজারবার চিন্তা করতে হয়, দুঃস্থদের পাশে দাঁড়াতে আমি পছন্দ করি। এসব নিয়েই তো আমি! আমার এই বিশেষত্ব আমার সৃষ্টিকে মহান করে তুলেছে!

আমার নিজেকে আরও ভালো ভাবে বুঝতে হবে, আমার আমিত্বকে আরও গভীর ভাবে আবিষ্কার করতে হবে। এভাবে চিন্তা করতে পারাটাই মঙ্গল। এর থেকে 'ভাল' বা 'আরও সঠিক' উপায় আর কোন কিছু নেই। এটি আমাদের উদ্দীপনা, পার্থক্য এবং ব্যক্তিত্বকে আলিঙ্গন করতে এবং 'আমরা কে' তা নিয়ে গর্বিত হতে সাহায্য করবে।

সামগ্রিকভাবে, ছড়ার এই দুইটি লাইন নিজেদের প্রতি আত্মবিশ্বাসী হওয়ার এবং অন্যের সাথে নিজেদের তুলনা না করার কথা মনে করিয়ে দেয়। আমাদের নিজের প্রতি সত্য হওয়ার চেষ্টা করা উচিত, আমাদের ব্যক্তিত্বকে আলিঙ্গন করে পূর্ণাঙ্গভাবে জীবনযাপন করা উচিত, জেনে রাখা উচিত যে পৃথিবীতে আমাদের মতো আর কেউ নেই।

৯৯) তুমি দেখতে ভুতনী'র মত সুন্দরী

আমার স্ত্রীকে সাজুগুজু করলে বেশ সুন্দরী দেখায়। একদম ঐশ্বরিয়ার মতো। যদিও আমার বিবিজান খুব কমই সাজ-সজ্জায় মন দেন। তো সেদিন একটি পার্টি উপলক্ষে বেশ সাজুগুজু করেছিলেন তিনি। আমি মুগ্ধ নয়নে তাঁর দিকে তাকিয়ে থাকতে থাকতে হঠাৎ বলে ফেললাম- ''তোমাকে ভুতনী'র মত সুন্দরী লাগছে!''

ইয়া মাবুদ! এরপরে, তাঁর গোমরা মুখ আর ছলছল চোখ থেকে কয়েক ফোটা পানি বেরিয়ে ঘরের পরিস্থিতিকে গুমোট করে তুললো! আমি অবস্থা বেগতিক দেখে শেষে যা বললাম-

দেখো রাহমিন, আমি যদি বলতাম ''তোমাকে পরীর মত সুন্দরী লাগছে', তাহলে তুমি ঠিকী খুশি হতে, তাই না?

এখন তোমাকে যদি প্রশ্ন করা হয়- ''আচ্ছা, বলুন তো, পরী ইংরেজি কি?''

তুমি চটপট বলে উঠবেন- ''কেন! Angel!''

আসলেই কি উত্তরটা তাই! আমার তা মনে হয় না। কারণ?

জগতের রহস্যময় বিষয়গুলো নিয়ে অনেকেরই মত-বিভেদ আছে। যেমন, অনেকেই জীনের অস্তিত্ব বিশ্বাস করতে চান না। ফেরেশতাদেরও অনেকে অস্বীকার করেন। করুন আর না-ই করুন, ডিকশনারী খুঁজলে 'Angel' শব্দের যে অর্থ পাওয়া যায়, তা হচ্ছে 'ফেরেশতা' বা 'দেবদূত', পরী নয়!

তাহলে? পরী ইংরেজী কি দাঁড়ালো?

এর অর্থ জানতে আমাদের আর একবার ধর্ম ও বাংলা অভিধানের শরণাপন্ন হতে হবে।

আমরা যারা ভূত বা জীন আছে বলে বিশ্বাস করি, তারা জানি যে জীন একটি পুং-বাচক নাম। আর, ভূত বা জীনের স্ত্রীলিঙ্গ হচ্ছে পেত্নী বা পরী। এই পরীর ইংরেজী-ই হচ্ছে- 'Sprite'।

তাহলে, 'মেয়েটি পরীর মত সুন্দরী', এর অর্থ কি দাঁড়ালো? 'The girl is beautiful like a sprite'!

এখানে মজার ব্যাপার হচ্ছে, 'আমরা পরীর মত সুন্দরী' বলে একটি মেয়েকে 'পেত্নী' বা 'ভুতনী'-র সাথে তুলনা করছি!

ওমা! এবারে দেখি রাহমিন ফিক ফিক করে হাসছে!

১০০) শিক্ষামূলক গল্পঃ 'ওটা কি?'

শীতের সকাল। মেঘলা আকাশের ফাঁক দিয়ে মাঝে মাঝে উকি-ঝুকি মারা সূর্যের আলো কুয়াশা জড়ানো মাটি স্পর্শ করছে। চারদিকে এক নিবিড় ভালোবাসাময় পরিবেশ। তারই মাঝে সাজিদ তার বুড়ো বাবাকে নিয়ে বাড়ির সামনের বাগানে বসে আছে। হাতে আজকের খবরের কাগজ। বাবা'র দিকে খুব একটা খেয়াল নেই। অফিসের ছুটি উপভোগ করছে সে।

এরই মাঝে ছোট্ট একটি চড়ুই সামনের বাগানের একটি গাছে এসে বসলো। বাবার চোখ সেদিকে যেতেই বলে উঠলেন- ''ওটা কি?''

সাজিদের অনুসন্ধানী চোখ এদিক-সেদিক তাকিয়ে খুজতে লাগলো কিসে বাবা'র চোখ পড়েছে। সে দেখতে পেলো বাবা একদৃষ্টে একটি চড়ুই-এর দিকে তাকিয়ে আছেন। তার ছোট্ট উত্তর- ''ওটা একটা চড়ুই, বাবা।''

বাবা তবু চড়ুটি'র দিকে তাকিয়ে রইলেন। আবারো আনমনে জিজ্ঞাসা করলেন- ''ওটা কি?''

ছেলে এবারে একটু বিরক্ত হয়ে বললো- ''বললাম তো, বাবা। এটা একটা চড়ুই।''

বাবা বললেন- ''ও, আচ্ছা!''

চড়ুইটি উড়ে গেলো। বুড়ো বাবা এদিক-সেদিক তাকায়ে কি যেন খুজতে লাগলেন। এবারেও তার চোখে পড়লো আর একটি পাখি। এটাও একটি চড়ুই।

বাবা অবাক হয়ে বললেন- ''তি নাফ তো? (ওটা কি?)''

চড়ুইটি'র দিকে চোখ পড়তেই চরম বিরক্ত হলো ছেলে। চিৎকার করে উঠলো- ''চড়ুই, এটা একটা চড়ুই......চ---ড়ু----ই।''

তারপরও বাবা আবার আরেকটি চড়ুই দেখিয়ে জিজ্ঞাসা করে বসলেন- ''ওটা কি?''

''এমন করছো কেন, বাবা! তোমাকে হাজার বার বলেছি এটা একটি চড়ুই। তুমি কি এটা বুঝতে পারছো না!'' প্রচন্ড রেগে বললো ছেলেটি।

বাবা উঠে পড়লেন। হাঁটা দিলেন বাড়ির দিকে।

''কই যাও?''

বাবা বললেন- "একটু বসো। আমি আসছি।"

কিছুক্ষণ পরেই তিনি ফিরলেন। হাতে একটি ডায়েরী ধরা। তা থেকে একটি বিশেষ দিনের নোট খুজে বের করে জলদ গম্ভীর স্বরে ছেলেকে বললেন, ”পড়ো, জোরে।“

বাবা লিখেছেন, ছেলে পড়ছে- ”আজ আমার বড় ছেলে তিন বছরে পা দিলো। তাকে নিয়ে পার্কে বেড়াতে গিয়েছিলাম। সবুজ-শ্যামল সেই পরিবেশে চারদিকে শীতের পাখির মেলা বসেছে। সেগুলোর দিকে না তাকিয়ে তার কিনা নজর পড়লো ছোট্ট একটি চড়ুই পাখির দিকে!

আমার ছেলে আমাকে ২১ বার জিজ্ঞেস করলো- ”ওটা কি?”
আমি প্রতিবার আমার ছোট্ট অবুঝ ছেলেকে আদরের সাথে জড়িয়ে ধরে উত্তর দিলাম, ”ওটা একটি চড়ুই, ছোট সোনা।“

বাবা হাসলেন। বুড়ো বয়সের ধূসর হয়ে আসা স্মৃতি’র ভান্ডারে এ যেন এক অমূল্য মণী-মানিক্য!

চোখ ছলছল করে উঠলো কোন কোম্পানীর বড় চাকুরে করা সাজিদের। এক হাতে জড়িয়ে ধরলো বাবাকে। গালে চুমু দিয়ে তাঁর মাথা নিজ মাথায় ঠেকিয়ে বসে থাকলো। কান্নার দমকে বুজে আসা গলা দিয়ে কোন স্বর বেরোলো না।

চড়ুইটি উড়ে কোথায় যেন চলে গেলো। কিন্তু, পেছনে রেখে গেলো স্বর্গীয় এক পরিবেশ।

[বিদেশী একটি শর্ট ফিল্ম 'তি নাফ তো'] অবলম্বনে

১০১) তার্কারাশি'র দিকে তাকান, পায়ের দিকে নয়!

''আসলেই, অক্ষমতার কারণে, আমার সাহায্যের প্রয়োজন হয়। কিন্তু আমি সর্বদা আমার অবস্থার সীমাবদ্ধতাগুলি অতিক্রম করার এবং যতটা সম্ভব একটি পরিপূর্ণ জীবনযাপন করার চেষ্টা করেছি। আমি অ্যান্টার্কটিকা থেকে শুরু করে শূন্য মাধ্যাকর্ষণ পর্যন্ত ভ্রমণ করেছি।''

.

স্টিভেন হকিং-এর কথা মনে আছে? আমি বিংশ শতাব্দীর অন্যতম সেরা তাত্ত্বিক পদার্থবিজ্ঞানীদের একজন, স্টিফেন উইলিয়াম হকিং-এর কথা বলছি। তিনিই এই কথাগুলো বলেছিলেন।

.

আপনারা হয়তো সবাই জানেন, বিশ্ববিদ্যালয়ে থাকাকালীন সময়ে ALS নামক এক দুরারোগ্য রোগে চলৎশক্তিহীন হয়ে পড়েছিলেন তিনি। এমনকি কথা বলা বন্ধ হয়ে গিয়েছিলো তাঁর। ডাক্তাররা হকিং-কে বলেছিলেন যে, ২/৩ বছরের মাঝে তাঁর মৃত্যু হবে।

.

কিন্তু, সেটা তাঁকে থামাতে পারেনি। লাভ করেছিলেন পি,এইচ,ডি ডিগ্রী....হয়েছিলেন পৃথিবীর সেরা বিজ্ঞানীদের একজন। তিনি তাঁর শারীরিক অক্ষমতাকে নিজের ইচ্ছে পূরণের ক্ষেত্রে বাধা হয়ে দাঁড়াতে দেননি! তিনি এমন একটি সায়েন্টিফিক মডেল দাঁড় করান যা বলে- 'সীমা বলতে আসলে কিছু নেই।' আমাদের পায়ের সীমা আছে, কিছু অনন্ত নক্ষত্ররাজির কোন সীমা-পরসীমা নেই!

.

আমি ফিজিক্স বুঝি না। বিজ্ঞান আমার কাছে অন্য গ্রহের এক বার্তা। কিন্তু, স্টিফেন হকিংদের মতো মানুষদের কাছ থেকে শিখেছি-

''কোন বাধাতেই থেমে থাকলে চলবে না। 'বাধা'-কে আশির্বাদ হিসেবে দেখতে হবে। স্টিভ হকিং-এর শারীরিক অক্ষমতার জন্যে চলৎশক্তিহীন হয়ে মহাবিশ্ব নিয়ে চিন্তা করার 'সময়' না পেলে, আমরা হয়তো 'বিগ ব্যাং থিওরি' পেতাম না!

আমাদেরকে চারপাশে যা ঘটছে তা অনুভব করার চেষ্টা করে মহাবিশ্বের অস্তিত্ব নিয়ে চিন্তা করতে হবে। আমাদেরকে হতে হবে কৌতূহলী! জীবন আপনার কাছে কঠিন হয়ে যতই ধরা দিক না কেন, আপনি কোন না কিছু করে সেই বাধাকে অতিক্রম করে জীবনে সফল হয়ে উঠতে পারবেন!''

১০২) নবী, রাসূলদের আকাশের প্রতি দুর্নিবার আকর্ষণ ছিলো, আমারও আছে!

হযরত আদম (আ) এবং হাওয়া (আ)-কে আকাশ থেকে বহিষ্কার করে পৃথিবীতে নামিয়ে দেওয়া হয়েছিলো। হযরত মুসা (আ) আল্লাহকে দেখতে চেয়েছিলেন। আল্লাহকে দেখতে চেয়ে মুসা নবী অজ্ঞান হয়ে গিয়েছিলেন।

অনেক নবী আকাশে গিয়ে হারিয়ে গিয়েছেন। পবিত্র কোরআনের সূরা মারইয়াম এবং সূরা আম্বিয়াতে হযরত ইদ্রিস (আ)-এর কথা উল্লেখ করা হয়েছে। অনেক বর্ণনায় উল্লেখ আছে - ইদ্রিস নবীকে চতুর্থ আসমানে তুলে নেওয়া হয়। হযরত ঈসা (আ)-ও আকাশে আছেন।

হযরত ইবরাহীম (আ)-কে আকাশে অবস্থিত বস্তু দেখিয়ে সৃষ্টিকর্তার অস্তিত্ব প্রমাণ করা হয়। আর, শেষ নবী হযরত মুহাম্মদ (সা)-কে তো আল্লাহ আকাশে তুলে নিয়ে দেখা দিয়েছিলেন। আর, আমাদের শেষ নবী যখনই আল্লাহ থেকে কোন নির্দেশ চাইতেন, তিনি ঘন ঘন আকাশের দিকে চাইতেন।

মোটকথা, নবী রাসূলদের আকাশের সাথে একটা বিশেষ এটাচমেন্ট ছিলো। ছোটবেলা থেকে আকাশের প্রতি আমারও দূর্নিবার এক আকর্ষন লক্ষ্য করেছি। এস্ট্রোনমার হবার ইচ্ছা ছিলো। কিন্তু, আমি বিজ্ঞানে কাঁচা। উচ্চ মাধ্যমিকে সাধারণ বিজ্ঞানে সবচেয়ে কম নাম্বার পেয়েছিলাম। টেনেটুনে পাশ যাকে বলে! তখন বুঝেছিলাম আমাকে দিয়ে বিজ্ঞান বিষয়ক কোন কিছু পড়া হবে না। আমার ভবিষ্যতবাণীকে সত্য পরিণত করে বিশ্ববিদ্যালয় ভর্তি পরীক্ষায় পাশ করে ব্যবসা প্রশাসন বিষয়টি চুজ করে বসলাম!

কিন্তু, আকাশের প্রতি আমার বিন্দুমাত্র আগ্রহ কমেনি। আমি চেষ্টা করছি একটা হাই পাওয়ার টেলিস্কোপ কিনবো। বাংলাদেশে টেলিস্কোপের দাম অনেক বেশি। তাই, চেষ্টা করছি ভারতে গিয়ে নিয়ে আসবো। অথবা, ইউরোপের কোন দেশ থেকে আনবো। সমস্যা হচ্ছে, বাংলাদেশের কাস্টমস ডিপার্টমেন্ট বিরাট বাধার সৃষ্টি করে টেলিস্কোপ আনার সময়ে। অনেক প্রশ্ন জিজ্ঞাসা করে বলে শুনেছি। অহেতুক ট্যাক্স বসিয়ে দেয়। ফলে, ১৫০০০ টাকা দামের টেলিস্কোপ দোকানে ৪৫০০০ টাকায় বিক্রি হয়!

তবু, আমি হাল ছাড়িনি। একটা টেলিস্কোপ আমি কিনবোই। কিনে দূর আকাশের দিকে তাকিয়ে থাকবো। আমি জানি, আমারও ডাক আসবে কোন না এক দিন! হয়তো কোন একদিন আমাকেও ঐ দূর আকাশে তুলে নেওয়া হবে হরিপদ কেরানীর মতো। কেউ জানবেও না। ধুম করে হারিয়ে যাবো আকাশে।

১০৩) ইসলামের বানী প্রচার করার আগে ব্যবসা করে সত্যবাদী হওয়ার চেষ্টা করুন

আপনি কোরআনের বাণী প্রচ্যর করেন। কিন্তু, আপনি একজন সত্যবাদী ব্যবসায়ী নন। মানুষ কি আপনার কথা শুনবে?

.

হযরত মুহাম্মদ মুস্তফা (সাঃ) একজন সৎ ব্যবসায়ী ছিলেন। তাঁর কাজের জন্যে তাঁকে 'সত্যবাদী' নামে ডাকা হতো। সেই কারণেই, তিনি যখন আল্লাহর কাছ থেকে কোরআনের প্রথম বাণী পেয়ে হযরত আলী (আঃ) এবং বিবি খাদিজা (রাঃ) এর কাছে ইসলাম প্রচার করেন, তখন তাঁরা তা সাদরে গ্রহণ করেন।

.

হযরত আলী (আঃ) এবং বিবি খাদিজা (রাঃ) তো হযরত জিবরাইল (আঃ)-কে দেখেননি। তারপরও কেন মহানবী (সা) এর বানীকে সত্য বলে গ্রহণ করলেন? এর কারণ কি এই নয় কি যে রাসূলুল্লাহ (সা)-কে তাঁরা সত্যবাদী হিসেবে জানতেন, এবং তাঁরা বুঝেছিলেন তিনি মিথ্যা কোন কিছু বলবেন না?

.

যদি তা-ই হয়, নবী মুহাম্মদ (সা) এই 'সত্যবাদী' হিসেবে নিজেকে প্রতিষ্ঠিত করলেন কীভাবে? এই প্রশ্নের উত্তর জানতে হলে আপনাকে নবী (সা:)-এর পেশা সম্পর্কে জানতে হবে।

.

রাসূলুল্লাহ (সা) নিজ পেশা হিসেবে ব্যবসাকে গ্রহণ করেছিলেন। আরবের লোকেরা তাঁর কাছে অনেক মূল্যবান জিনিস-পত্র রেখে যেতো। মহানবী (সা) সেই জিনিসগুলো ঠিক মতো গচ্ছিত রাখতেন, এবং সময় মতো তা বুঝিয়ে দিতেন। অনেকটা আমাদের জমানার ব্যাংক-গুলোর মতো। অর্থাৎ, তিনি ছিলেন একজন স্বনামধন্য ব্যাংকার। এছাড়াও, নবীজী (সা) বিবি খাদিজার ব্যবসা দেখা-শোনা করতেন। সেখানেও তিনি সততাত সাথে কাজ করেন।

.

এসব কাজের জন্যেই তিনি 'সত্যবাদী' হিসেবে প্রতিষ্ঠা পান। তাহলে, কি দাঁড়ালো? নবী মুহাম্মদ (সা) ব্যবসার মাধ্যমে নিজেকে 'সত্যবাদী' হিসেবে গড়ে তুলেন। যার ফলে, নবী (সা)-এর নিকটজন তাঁর ইসলামের ডাক শুনে তা গ্রহণ করেন।

.

আপনি কি নিজেকে একজন সত্যবাদী ব্যবসায়ী হিসেবে প্রতিষ্ঠিত করতে পেরেছেন কি? নিজেকেই প্রশ্ন করুন না, প্লিজ?

১০৪) অসৎদের জন্যে সৎ ব্যবসায়ীদের দোষারোপ করবেন না, প্লিজ

একটি সত্য ঘটনা বলি। ছোট্ট এন্থনি স্মিথ মারভেল কমিক্সের 'এভেঞ্জার' সিরিজ খুব পছন্দ করে। এন্থনি'র কানে সমস্যা বলে তাঁকে একদিন ডাক্তার হিয়ারিং এইড যন্ত্র পড়াতে বললেন। আরও বললেন- যদি তাকে সেটা না পড়ানো হয়, সে একদিন পুরোপুরি বধির হয়ে যাবে। এন্থনি'র বাবা তাই এক জোড়া হিয়ারিং এইড কিনে আনলেন। কিন্তু, বাবা'র কিনে দেওয়া যন্ত্রটি কোন মতেই এন্থনি পড়লো না। সে মা-কে বললো- দেখো, এভেঞ্জার সুপারহিরোদের কেউই হিয়ারিং এইড পড়ে না। তাহলে আমি কেন পড়বো!!!

.

এন্থনি'র মা দেখলেন, এ যে মহা মুশকিল! অগত্যা তিনি মারভেল কমিক্সের কাছে চিঠি লিখলেন এর একটা বিহিত করে দেওয়ার জন্যে। মারভেল কমিক্সের এভেঞ্জার সিরিজের আইডিয়া টিম এই চিঠি হাতে পেয়ে সেদিনই টেবিলে বসে গেলো। কয়েক দিন চেষ্টার পরে, তাঁদের অঙ্কনে বেরিয়ে এলো 'ব্লু ইয়ার' নামের নতুন এভেঞ্জার হিরো যে হিয়ারিং এইড কানে লাগিয়ে বিপদে পড়া হাজারো মানুষকে সাহায্য করে।

.

পৃথিবীতে কানে কম শোনা শিশুদের সংখ্যা কম নয়। মারভেল কমিক্সের কারণে আজ তারা নতুন হিরো পেলো। আয়রন ম্যান, এভেঞ্জারদের একজন যখন 'ব্লু ইয়ার'-কে সবার সাথে পরিচয় করিয়ে দেয়, তখন চারদিকে সাড়া পড়ে যায়। মারভেলের কমিক্সের বিক্রির সংখ্যাও অনেক বেড়ে যায়!

.

গল্প থেকে শিক্ষণীয়ঃ

'অভাব' আর 'চাহিদা' দুটি ভিন্ন জিনিস। সৎ ব্যবসায়ীরা মানুষের 'চাহিদা' পূরণ করেন। আর, লুটেরারা 'অভাব সৃষ্টি' করে ফায়দা লোটে।

১০৫) আপনার জীবনের পথপ্রদর্শককে চিনুন

একটা পুরনো গল্প বলি। একটি বনে কিছু বাঁদর আর বেবুন বাস করতো। সেই বনের পাশেই একটি ভুট্টার ক্ষেত ছিলো। বাঁদর আর বেবুনের দল যখন সেই ক্ষেতে ভুট্টা খেতে আসতো, তখন একটা মানুষ 'হা, হা' করে তাদের পিছু ধাওয়া করে ক্ষেত থেকে তাড়িয়ে দিতো। সেজন্যে, বাঁদর আর বেবুনরা সেই মানুষের উপর খুব খ্যাপা ছিলো। একদিন খবর আসলো, সেই বুড়ো মানুষটি মারা গিয়েছে। এই খবর শুনে সেই বাঁদর আর বেবুনের দল খুব খুশি হলো। তারা এক হয়ে আনন্দ করতে লাগলো।

পরের বছর, যখন ভুট্টা ফলনের সময় আসলো, তখন তারা জানতে পারলো, সেই মারা যাওয়া বুড়ো মানুষটি ছিলো ঐ ক্ষেতের একমাত্র কৃষক!

আমাদের সবার জীবনেই এরকম অনেক সময় গিয়েছে, যখন মনে হয়েছে- এই ব্যাটা আমাদের শত্রু! খালি আমাদের পিছু টানে। অথচ, সেই লোকটাই ছিলো আমাদের জীবনের আঁধার রাতের বাতি! ইস, সময় থাকতে যদি বুঝতে পারতাম!

শত্রুর সাথে বসবাস করা আমাদের শিখতে হবে। কারণ, সব শত্রুই আমাদের শত্রু নয়। তাঁদের কিছু আছেন যারা আপনার জীবনের ভিত্তির মতো। তাঁদের পাঠানো হয়, আপনার কাদা'র মতো নরম কাঠামো থেকে একটি আকৃতি বের করে আনার জন্যে।

এমন মানুষদের চিনতে শিখুন।

১০৬) মানুষকে অত্যাচার করার চেয়ে মরে যাওয়া ভালো

একবার এক দরবেশ হেজাজ ইউসুফ নামের এক শাসকের দরবারে হাজির হলেন। সেই দরবেশের যে কোন দোয়া আল্লাহ কবুল করতেন। সেই শাসক দরবেশকে বললেন- "আমার জন্য একটি উত্তম দোয়া করুন।"

সেখানে দরবেশ চিৎকার করে বললেন: 'হে খোদা, তার জীবন কেড়ে নাও।'

এরকম দোয়া শুনে সেই শাসক চমকে উঠে বললেন- "আল্লাহর দোহাই লাগে, এটা কি ধরণের দোয়া করছেন আমার জন্যে!"

দরবেশ উত্তরে বললেন- "এটা আপনার এবং সব মুসলমানদের জন্যে ভালো একটি প্রার্থনা।"

হে অত্যাচারী, যে নিজের প্রজাদের উপর অত্যাচার করে,
আর কতদিন তারা এভাবে ধৈর্য ধরবে?
কর্তৃত্ব তোমার কি কাজে লাগে?
মানুষকে অত্যাচারের চেয়ে মরে যাওয়া তোমার জন্য ভালো।

=====
বইঃ গুলিস্তাঁ
লেখকঃ শেখ সাদী

১০৭) আজকের সময়ে যেখানে চারদিকে ধর্মীয় বিভাজন চলছে, সেখানে লালন শাহদের পূনর্জন্ম বড় প্রয়োজন!

লালন শাহ ছিলেন একজন বাঙালি দার্শনিক, অতীন্দ্রিয়বাদী, কবি, গায়ক এবং সমাজ সংস্কারক। তাঁকে বাংলার ইতিহাসের অন্যতম প্রভাবশালী ব্যক্তিত্ব হিসেবে বিবেচনা করা হয়। লালন শাহ ব্রিটিশ ভারতের ঝিনাইদহের হরিশপুরে ১৭৭২ সালে জন্মগ্রহণ করেন। লালনের শিক্ষা মানবতা এবং সহনশীলতার উপর জোর দিয়েছে এবং হিন্দু ও মুসলমান উভয়ের দ্বারাই তিনি একজন সাধু হিসাবে সম্মানিত।

লালন খুব অল্প বয়সে এতিম হয়েছিলেন। এরপরে, তাঁর মামা তাঁকে লালনপালন করেন। লালন শাহ অল্প বয়সে গান গাইতে ও কবিতা লিখতে শুরু করেন এবং একজন প্রতিভাবান সঙ্গীতশিল্পী হিসেবে খ্যাতি অর্জন করেছিলেন। লালন শাহ, যিনি লালন ফকির নামেও পরিচিত, বাংলা লোকসংগীতের অন্যতম গুরুত্বপূর্ণ ব্যক্তিত্ব হিসেবে বিবেচিত। লালনের গান সহজ কিন্তু গভীর, এবং সেগুলো প্রায়ই ধর্মীয় বিষয় নিয়ে আলোচনা করে।

তাঁর গানের লাইনগুলোকে কখনো কখনো ফার্সী মহাকবি রুমি বা হাফিজের কবিতার সাথে তুলনা করা হয়। লালনের প্রাথমিক জীবন সম্পর্কে খুব বেশি কিছু জানা যায় না। যদিও মনে করা হয় যে, তিনি একটি মাদ্রাসায় আরবি এবং ফারসি ভাষায় কিছু দিন শিক্ষা লাভ করেছিলেন। পরে তিনি ধর্মীয় সহিষ্ণুতা এবং সামাজিক সাম্যের বার্তা ছড়িয়ে দিয়ে নিজের জীবনের বেশিরভাগ সময় ব্রিটিশ বাংলা ও তার বাইরের এলাকাগুলো ভ্রমণ করে কাটিয়েছেন।

লালন শাহ ধর্মীয় সম্প্রীতির পক্ষে একজন প্রবক্তা ছিলেন এবং বিশ্বাস করতেন যে সমস্ত ধর্মই ঈশ্বরের কাছে সমানভাবে বৈধ পথ। তিনি বাহ্যিক আচার বা মতবাদের চাইতে অভ্যন্তরীণ অভিজ্ঞতার গুরুত্বের উপর জোর দিয়েছিলেন। লালন শিখিয়েছিলেন যে, প্রতিটি ব্যক্তিরই আধ্যাত্মিক জ্ঞান অর্জনের সম্ভাবনা রয়েছে। তাঁর গান ও লেখা হিন্দু ও মুসলমান উভয়ের কাছেই ব্যাপকভাবে জনপ্রিয় ছিল এবং তিনি বাঙালি সংস্কৃতিতে একটি শক্তিশালী প্রভাব ফেলতে পেরেছেন।

লালন কোনো এক সময়ে আউলিয়া আল্লাহ নামে একজন সুফি সাধকের শিষ্যত্ব গ্রহণ করেন এবং মিয়া ইসমাইল হুজুর নামে আরেকজন অতিন্দ্রিয়বাদী'র কাছেও পড়াশোনা করেন। এরপরে, লালনের বাংলার পথে-প্রান্তরে ঘুরে বেড়ানো শুরু হয়। নিজের লেখা গান গেয়ে গেয়ে সাধারণ মানুষদের মাঝে মিশে গিয়ে প্রেম ও সহনশীলতার বার্তা শেখান। গ্রামীণ জনগণের মধ্যে তাঁর একটি বড় অনুসারী দল ছিলো, যারা তার সহজ কিন্তু শক্তিশালী বার্তাগুলির প্রতি আকৃষ্ট হয়েছিল।

লালন ১৮৯০ সালের ১৭অক্টোবর ৭২ বছর বয়সে মারা যান। তাঁর সমাধি এখন অনেক বাঙালির জন্যে তীর্থস্থান। লালন শাহ আজও তাঁর লেখনীর মাধ্যমে আমাদের মাঝে বেঁচে আছেন। আজকের সময়ে যেখানে চারদিকে ধর্মীয় বিভাজন চলছে, সেখানে লালন শাহদের পূনর্জন্ম বড় প্রয়োজন!

১০৮) একজন গুরুর খোঁজে

গুরু রুমি বলেছেন- ''যখন কোন ভ্রমনের উদ্দেশ্যে বের হও, এমন কারো কাছ থেকে উপদেশ চেওনা যে কখনো ঘর থেকেই বের হয়নি।''

কথাটি'র গুরুত্ব অপরিসীম। আমাদের চলার পথে অনেকেরই উপদেশ প্রয়োজন পড়ে। আবার এমনো হয়, অনেকে যেচে পড়ে উপদেশ দিয়ে যান। সে সময় দোটানায় পড়তে হয় এই ভেবে যে, কার উপদেশ মানবো আর কারটা মানবো না।

জীবনের সংক্ষিপ্ত কংকরময় পথে কারো না কারো উপদেশ তো মানতেই হবে। আর সঠিক উপদেশ দিতে পারা একজন গুরুকে খুঁজে বের করা পানিতে নুড়ি ছেঁচে হীরা পাওয়ার মতই কঠিন একটি কাজ।

গুরু নিয়ে লেখার শেষে, হাসানের একটি গানের কয়েকটি লাইন মনে পরে গেলো-

গুরু আছে কত জনা আমারও দেশে,
কেউবা ফকির, কেউ সন্ন্যাসী, অচেনা বেসে।
সে তো গুরু যে জন বলে, ভক্তিরো কথা-
খুঁজে ফিরে জনে জনে, অজানা ব্যথা!

এই কঠিন কাজটি কয়জন করতে পারে! সেই কঠিন কাজটি করতে পারা গুরু খুঁজছি বহু দিন ধরে।

১০৯) আমার গিন্নীর ব্লগ পেজ থেকে কপি-পেস্ট করা একটি মজার গল্প

অনেক অনেক যুগ আগে এক দেশে এক রাজা ছিলেন। রাজার মন্ত্রী পরিষদে ছিলেন বিশেষ গুন সম্পন্ন ৭ জন ব্যাক্তি। ১ম জন যে কোন কাহিনি বা ঘটনা একবার শুনলেই হুবহু বলতে পারতেন, ২য় জন যে কোনো কাহিনি বা ঘটনা দুইবার শুনলেই হুবহু বলতে পারতেন।এইভাবে ৩য় জন তিনবার, ৪র্থ জন চারবার, ৫ম জন পাচ বার, ৬ষ্ঠ জন ছয় বার ও ৭ম জন সাত বার যে কোন কাহিনি বা ঘটনা শুনলে হুবহু বলতে পারতেন।

এই সাত ব্যক্তি থাকার সুবিধার জন্য রাজা ঘোষণা করলেন, যে রাজাকে কোনো নতুন কথা শুনাতে পারবে তাকে রাজা তার অর্ধেক রাজত্ব দান করবেন। আর কেউ যদি ব্যর্থ হয় তবে তার গর্দান যাবে!

কতো রাজ্য থেকে কতো লোক আসলো নতুন কাহিনি নিয়ে।রাজা কাহিনি শুনেই সাত জনের ১ম জন কে জিজ্ঞেস করেন-
'এই কাহিনি কি তুমি জানো? সে বলে- জ্বি জাহাপনা,এ কাহিনি তো আমার জানা। এবং সাথে সাথে পুরো কাহিনি একদম হুবহু বলে দেয়। ২য় জনের ইতিমধ্যেই দুই বার শুনা হয়ে গেছে। সেও একদম দাড়ি কমা সহ হুবহু বলে দেয়। এই ভাবে ৩য়, ৪র্থ, ৫ম, ৬ষ্ট, ৭ম সবাই হুবহু বলে দেয়।রাজা তখন বলেন, কি নতুন কাহিনি শুনালে? এইটা তো সাত জনেরই জানা!'

তখন কাহিনিকা্রের মরন ছাড়া গতি থাকে না। এইভাবে কয়েক জনের গর্দান যাওয়ার পর রাজাকে নতুন কথা শুনাতে অনেক দিন কেউ আসে না।

কয়েক দিন পর একজন মলিন পোশাকের লোক আসে রাজাকে নতুন কথা শুনাতে। তাকে দেখেই পরিষদের সবাই নড়ে চড়ে বসে, আরেক জনের গর্দান যাবে ভেবে!

লোকটি বলা শুরু করে-
'জাঁহাপনা, আমি আপনাকে এখন একটা সত্য ঘটনা বলবো। আমার দাদার বাবা এই রাজ্যের রাজা ছিলেন। আমার দাদার বাবা আর আপনার দাদার বাবা খুব ঘনিষ্ঠ বন্ধু ছিলেন। আপনার দাদার বাবার আর্থিক অবস্থা খুব খারাপ ছিল। বন্ধুত্বের খাতিরে আমার দাদার বাবা,আপনার দাদার বাবাকে এই রাজত্ব দান করেন এবং বলেন ৩ প্রজন্ম পরে যেন তা আমার দাদার বাবার ওয়ারিশের কাছে ফেরত দিয়ে দেন। কিন্তু শর্ত অনুযায়ী আমার কাছে এই রাজত্ব বুঝিয়ে দেওয়ার কথা থাকলেও আপনি তা দিচ্ছেন না। দয়া করে আমার রাজত্ব আমায় বুঝিয়ে দেন,আপনার পরিষদের এই সাত জনকে জিজ্ঞাসা করেন এরা সবাই তা জানে।'

রাজা রাগে ১ম জনকে জিজ্ঞাসা করেন সে এই ঘটনা জানে কি না? সে তো পড়ে মহা বিপদে...এখন যদি বলে জানে, এতদিন এই ঘটনা না বলার জন্য রাজা প্রথমে তার গর্দান নিবেন। সে ভয়ে ভয়ে বলে জ্বি না জাঁহাপনা আমি এই ঘটনা জানি না। এই ভাবে ২য়,৩য় সবাই বলে এই ঘটনা কেউ জানে না।

রাজা বলেন- মিথ্যাবাদী,কেউ এই ঘটনা জানে না।

তখনই লোকটি বলে- 'রাজা মশাই তাইলে শর্ত অনুযায়ী অর্ধেক রাজত্ব এখন আমার.....'

রাজার তো কাহিনি শুনতে শুনতে এতক্ষণ মাথা গরম হয়ে গিয়েছিলো। লোকটির কথা শুনে রাজা হকচকিয়ে উঠেন। আর হেসে বলেন- 'বুদ্ধিমান ছেলে, তবে তাই হোক........

১১০) হযরত ইউশা ইবনে নুন (আ) - যিনি ভৃত্য থেকে রাজা হয়েছিলেন

আমাদের বাসাগুলোর কাজের মানুষদের কি অবস্থা? আমরা যখন খাটে শুয়ে রাত কাঁটাই, শক্ত মাটিতে তখন তাদের অবস্থান। আমরা যখন মুরগীর রান আর বুকের মাংস পেটে চালান দেই, তখন হাড়ির সবচেয়ে শুকনো হাড্ডিটা ভাগ্যে জুটে বাসার কাজের লোকদের। অথচ, আমরা যারা মুসলিম বলে পরিচয় দেই, তাদের পবিত্র কালাম কোরআন শরীফে একজন কাজের লোককে নবীর সম্মান দেওয়া হয়েছে।

হযরত ইউশা ইবনে নুন (আ)-এর কথাই বলছিলাম। তিনি ছিলেন হযরত মুসা (আ)-এর কাজের লোক। মুসা নবী যখন হযরত খিযির (আ)-এর সাথে দেখা করতে যান, তখন তাঁর সাথে ছিলেন একজন পরিচর্যাকারী বা খাদিম, অন্য অর্থে ভৃত্য। এই খাদিম ব্যক্তিটিই ছিলেন ইউশা- যাকে ইসলামে নবী'র সম্মান দেওয়া হয়েছে।

হযরত মুসা'র পরে ইউশা ইবনে নুনই বনী ইসরাইলীদের রাজা হোন। তিনি ইসরাইলী গোত্রকে নেতৃত্ব দিয়ে পবিত্র বায়তুল মুকাদ্দাস জয় করেন। হযরত ইউশা'র কাছেই ছিলো মুসা নবী'র কাপড় এবং ট্যাবলেট।

আজ আমরা বাড়ির ভৃত্যদের সাথে কি সব ব্যবহার করি। অথচ, কোরআন আমাদের অন্য কিছু শিক্ষা দেয় যা আমরা ভুলে গিয়েছি।

১১১) দরিদ্র দেশের মাননীয় সরকার প্রধানগণকে উদ্দেশ্য করে শেখ সাদী'র বাণী

'দরিদ্রদের দেখে রাখবে, আর, নিজের জন্যে কখনো আরাম চাইবে না। মেষপালক যদি বুঝতে পারে যে, তাঁর ভেড়াগুলোর মাঝে একটি নেকড়ে ঘুরে বেড়াচ্ছে, তাঁর আরামে ঘুমানো উচিৎ নয়। যারা খুব গরীব, তাদের সর্বদা রক্ষা করে চলবে, এই মানুষগুলোর জন্যেই তো একজন রাজার মাথায় মুকুট উঠে।

একটি ভূমির জনসাধারণ হচ্ছে কোন বৃক্ষের জড়ের মতো। আর রাজা তার উপরে একটি গাছ। এই কথা মনে রাখবে, ও আমার পুত্র, এই গাছ সেই জড় থেকেই শক্তি পায়। তাই, এমন জনগণের উপর অত্যাচার করা রাজার উচিৎ নয় যারা সেই রাজ্যে আঘাতের ভয়ে ভীত। এমন কোন ভূমিতে প্রাচুর্যের আশা করবে না যেখানে জনগণ তাদের শাসনকর্তা দ্বারা অত্যাচারিত।

আর, যারা গর্ব করে এবং স্রষ্টাকে ভয় পায় না, তাদের ভয়ে ভীত থাকবে।'

মৃত্যুর আগে পুত্রকে এমন কথাগুলোই নসিহত করে গেছেন পারস্যের চতুর্থ রাজবংশের বিংশতম রাজা নৌশিরাভান। এই ঘটনাটি শেখ সাদী তাঁর বিখ্যাত গ্রন্থ 'বোস্তান'-এ উল্লেখ করেছেন।

১১২) রেভারেন্ড ফ্রেডরিক হলার্টজ, আপনাকে সালাম!

শ্রদ্ধেয় রেভারেন্ড ফ্রেডরিক হলার্টজ,
আসসালাম। আমার এই লেখা হয়তো আপনার কাছে পৌঁছাবে না। তবু, নাৎসি পার্টির নতুন সমর্থকেরা যখন সুইডেনে কোরআন পূড়ানোর তোরজোড় করছে, তখন, আপনি যে অসীম বিক্রমের পরিচয় দিয়েছেন, সেজন্যে মনের অন্তঃস্থল থেকে আমার শুভেচ্ছা গ্রহণ করুন।

সেই মুখপোড়া দলটির ডেনিশ নেতা যখন এক হাতে কোরআনকে চেপে ধরে ২য় বার পুড়িয়ে দিবে বলে হুমকি দিচ্ছিল, যখন তাদের সমর্থকদের দলটিকে একটি মসজিদের কাছ থেকে সরিয়ে এনে আপনার চার্চের কাছে নিয়ে আসা হয়েছিলো, তখন কি বিক্রমেই না আপনি চার্চের ঘণ্টা ধ্বনি বাজিয়ে কোরআন পোড়ানোর তীব্র প্রতিবাদ জানিয়েছিলেন।

আমি জানতে পেরেছি, ২য় বিশ্বযুদ্ধের পরে একমাত্র ২০১৪ সালে নাৎসিদের বিরুদ্ধে আপনি এরকম প্রতিবাদ জানাতে গিয়ে অনবরতঃ ঘণ্টা বাজিয়েছিলেন। তখন কি ভাবতে পেরেছিলেন, আপনাকে এতো তাড়াতাড়ি আবারো ঘণ্টা বাজাতে হবে? ২০২২ সালের এপ্রিল মাসে ঘণ্টার দড়িতে আবারো আপনাকে হাত লাগাতে হলো। এই কাজের জন্যে আপনাকে পুলিশের হাতে এমনকি নিগৃহীত হতে হয়েছে!

এমন একটি কাজ করতে সাহসের প্রয়োজন। প্রয়োজন হযরত ঈসা (আ)-এর সত্য ধর্ম প্রচারের বিবেক। আল্লাহ আপনার মঙ্গল করুন।

১১৩) বোকারা ক্রোধের বশবর্তী হয়ে একই বিষয়কে ঘিরে ঝগড়া করে

পৃথিবীতে এমন কোন জাতি নেই, যাদের কাছে খোদা পথপ্রদর্শক বা সতর্ককারী পাঠাননি। একবার চার ভিন্ন দেশের চারজন দরিদ্র শ্রমিক এক সাথে ভ্রমণ করছিলো। যেতে যেতে তারা এমন এক জায়গায় পৌছালো যেখানে খুব ঠাণ্ডা হাওয়া বইছে। তখন রাত হয়েছে। তারা সেই জায়গায় বিশ্রাম নিতে থামলো।

যে জায়গায় তারা থেমেছিলো, সে জায়গায় একটি অগ্নিকুণ্ড জ্বালানো ছিলো। সেই শ্রমিক চারজন অন্যান্য মানুষদের সাথে সাথে সেখানে আগুন পোহাতে লাগলো। যদিও সেই আগুন শীতের রাতের কনকনে হাওয়ার কাছ থেকে তাদের রক্ষা করতে পারছিলো না। এদিকে, বেশ ক্ষিধেও পেয়েছিলো তাদের। কিন্তু নিজেদের কাছে কোন টাকা না থাকায় কিছু কিনে খেতে পারছিলো না।

এক পর্যায়ে, এক ধনী ব্যাক্তি দয়া-পরবশ হয়ে তাদেরকে কিছু টাকা দিলো যাতে তারা কিছু কিনে খেতে পারে। ঐদিকে হয়েছে কি, এই শ্রমিকগুলো একে অপরের ভাষা জানতো না। এখন এই টাকা নিয়ে কি করা যায় তা তারা বাকিদের জানাবে কি করে!

তাদের মধ্যে যে পারস্য দেশ থেকে এসেছিল, সে ফার্সীতে বলে উঠলো- "এসো, আমরা এই টাকা দিয়ে আঙ্গুর কিনে খাই।"

ফারসি না বুঝে আরব শ্রমিকটি বলে উঠলো- "কী আবোল-তাবোল বকছে লোকটা! আমি ওসব কিনতে চাই না। আমি আঙ্গুর কিনতে চাই।"

তাদের মাঝে যে তুর্কি, সে বিরক্তির স্বরে বললো- "না, বন্ধুরা! তোমরা যে পরামর্শ দিচ্ছো তা আমার মোটেই পছন্দ হচ্ছে না। আমি আঙ্গুর পছন্দ করি।"

এবারে ভারতীয় শ্রমিক রেগে গেলো। সে বললো- "ভাইসকল, হুদাহুদি তর্ক করো না। আমার মনে হয় আঙ্গুর কিনলেই সবচেয়ে ভালো হবে।"

এক পর্যায়ে, তাদের মাঝের ঝগড়া যখন চরমে উঠলো, একজন বুদ্ধিমান মানুষ তাদের কাছে এলেন। তিনি ফার্সী, আরবি, তুর্কি আর হিন্দি, চারটি ভাষাই জানতেন। সেই লোকটি শ্রমিকদের কাছে এসে যখন বুঝতে পারলেন যে তারা একই জিনিস চায়, তিনি তাদের মাঝের বিবাদ মিটিয়ে দিলেন।

====
এই গল্পটি রুমী'র লেখা। আমি আমার মতো করে বলেছি।
====================================

১১৪) 'আগ্রহ' – সৃষ্টির আদি রহস্য

মানুষের আগ্রহ নিয়ে অনেকক্ষণ ধরে ভাবছি। এর উৎপত্তি কোথায়? দেহের কোন অংশ থেকে আগ্রহের সৃষ্টি? মস্তিষ্ক? মস্তিষ্কের ইলেকট্রনের কম্পনে কি এই আগ্রহ উৎপন্ন হয়? যদি তা-ই হয়ে থাকে, সেই ইলেকট্রনের কম্পন কিসের ইঙ্গিতে হয়? কিসের ইশারায়? বা, আরও ভালো ভাবে বললে, কার ইশারায়?

আগ্রহ জিনিসটা বড়ই রহস্যময়! স্রষ্টা নিজের প্রতিবিম্ব তৈরী করতে চেয়েছিলেন বলেই মানুষের সৃষ্টি। সেই চাওয়াটা কি তাঁর অশেষ 'আগ্রহ' ছিলো না? সেই আগ্রহটা থেকে কি নিজেকে দেখতে পাওয়ার আকাঙ্ক্ষা বা ইচ্ছা সৃষ্টি হয় নাই? তাহলে, আগ্রহ থেকে ইচ্ছা'র সৃষ্টি! সৃষ্টির আদি রহস্য হচ্ছে 'আগ্রহ'। স্রষ্টা আগ্রহ প্রকাশ করেছেন বলেই সব কিছু হয়েছে। স্রষ্টার আগ্রহ ইচ্ছায় রূপান্তরিত হওয়ায় বলেছিলেন – 'হও'। এরপরেই সব কিছুর সৃষ্টি হয়।

'আগ্রহ – ইচ্ছা – শব্দ – সৃষ্টি' এই চারের সমারোহে পুরো বিশ্ব বাঁধা। এই বিশ্বে স্রষ্টা আমাদের সাথে যুক্ত হয়েছেন তাঁর 'ইচ্ছা' দ্বারা।

আচ্ছা, 'আগ্রহ' -এর আগে কি কিছু আছে? আছে। সেই জগতটা মানুষের ধরা – ছোঁয়া আর বুঝের বাইরে। সেই জগতটা সব মানুষের জন্যে খুলে দেওয়া হয় নাই। সেই রাজ্য মানুষের বুদ্ধির সীমারেখার বাইরে! সেখানে শুধুই শূন্যের আবাস! সেই রাজ্যের মহারাজা একমাত্র 'স্রষ্টা'।

'আগ্রহ'-এর আগের রাজ্যের সাথে যাদের যোগাযোগ রাখতে দেওয়া হয়, তাঁরাই পৃথিবীতে অসম্ভবকে 'সম্ভব' করতে পারেন। তাঁরা পৃথিবীর নিয়মের গণ্ডিকে ভেঙ্গে টুকরো টুকরো করে অঙ্গুলি হেলনে চাঁদকে দ্বিখণ্ডিত করে দেখিয়েছেন। তাঁদের দেহকে আগুন স্পর্শ করতে পারে নাই। তাঁরা মাটিতে লাঠি নিক্ষেপ করলে তা সাপে পরিণত হয়ে যাদুকরদের সাপকে গিলে খেয়েছে। তাঁদের স্পর্শে কুষ্ঠ রোগী ভালো হয়ে গিয়েছে, অন্ধ চোখে দেখতে পেয়েছে, মৃত জীবের দেহে প্রাণস্পন্দন জেগেছে!

এমন জগতের অংশ কে না হতে চায়!

১১৫) আলোকমালা তো সকল সময় একে-অপরের বন্ধু

.

তারপরো, কেন তুমি খোদার কাছে ব্যাকুল হয়ে নিজেকে নিবেদন করছো না!

.

এই কথাগুলো এমনকি হাজার বছর পরে হলেও, যাদের শানে বলা হয়েছে, তাঁদের কাছে ঠিকই পৌঁছে যাবে।

.

শোক করো না, যদিবা অন্ধকার প্রলম্বিত হয়। সদা-সর্বদা মনে রাখবে, অন্ধকার দীর্ঘায়িত হলে, আলোকচ্ছটার ক্ষেত্রেও তা-ই হবে।

.

রাত যখন ভারী হয়, বিছানা ছেড়ে উঠে পড়ো, নিজেকে নতজানু করে দাও দু'বার।

প্রয়োজন!

নিজ অধরকে ধুলায় লুটিয়ে দিয়ে চোখের পানিতে মেঝে ভাসিয়ে দাও।

.

আকাশ আর ঘুরন্ত গোলকের চেয়েও আমাদের হৃদয়ের পরিধি অনেক বড়। তারপরেও কেন তুমি তাকে অহেতুক চিন্তা আর সন্দেহের দোলাচলে বেধে রেখেছো! শুধু শুধু কেন এই মনোরম বিশ্বকে তোমার সংকুচিত কারাগারে পরিণত করেছো!

.

চেয়ে দেখো,
সুখী তো সে-ই যার চোখ দু'টি ঘুমিয়ে পড়ে, কিন্তু, তাঁর হৃদয়খানি সদা জাগ্রত থাকে।

আর, সেই ব্যক্তিই তো দূর্ভাগা, যার নয়নজোড়া সর্বদা খোলা থাকলেও, হৃদয়টা ঘুমন্ত।

.

১১৬) অস্তিত্ব

প্রতিটি জীবের মতো আপনারও একটি অস্তিত্ব আছে।

কিন্তু, সেই অস্তিত্বের মাঝেই অস্তিত্বহীন এক স্বত্বার আবাস।....আপনিই সেই ব্যক্তি যে নিজ অস্তিত্বকে সেই পরম অস্তিত্বহীনতায় বিলীন করে দিতে পারেন।

এই ক্ষমতা আপনাকে দেওয়া হয়েছে।

১১৭) পথিক, ঐ দূর্গম পথ তোমারই জন্যে, যদি হতে চাও অক্ষয়!

.

নিজের সীমানা ছেড়ে তোমাকে বেরিয়ে পড়তে হবে। দূরে কোথাও অজানা পথের ওপারে কোন অচেনা নগরী তোমায় হাতছানি দিয়ে ডাকছে। বেরিয়ে পরার এটিই যে উপযুক্ত সময়! তবু কেন তুমি চিন্তার অতল গহ্বরে নিজেকে ঠেলে দিচ্ছো!

.

আমার কথাই একবার ভেবেই দেখো না! আমাকে এমন একটি পানীয় পাত্র দেওয়া হয়েছে যা থেকে সুরুজের ঝর্ণাধারা বিচ্ছুরিত হচ্ছে। আমি সেই বন্ধু দ্বারা আলিঙ্গনে আবদ্ধ যে আমায় এই জীবন তো বটেই, পরবর্তী জীবনেও ছায়া দিয়ে যাবে। কস্তূরী'র সুগন্ধী'র ভিতর অম্বরের মনকাড়া ঘ্রাণের সাথেই এর একমাত্র তুলনা চলে!

.

তবু কেন যে আমার প্রাণ-ময়না মিষ্টি স্বাদ আস্বাদনে উত্তেজিত। দেহের আবদ্ধ কাঠামো থেকে ডানা ঝাপটে বেরিয়ে সে সূর্যের বন্ধ দ্বার খোলার আপ্রাণ চেষ্টায় মগ্ন! তুমি কি সেই বাজার দেখোনি যেখানে সিদ্ধ করা মাথা বিক্রি হয়? আত্মার এই ছটফটানি অনেকটা সেই রকমই, ভিতর-বাহির সব একই সাথে দেখে ফেলার এই-ই পন্থা!

.

টরাসের সংকেত দেখে গাধা দিক-হারা হয়ে ঘুরে বেড়ায়। যুদ্ধের সময় বীরেরা খুব বেশি সময় সারিবদ্ধ অবস্থায় থাকেনা। আমি রুমীকে কাছে পাওয়ার উদ্দেশ্যে চেনা পথ ছেড়েছি, যদিও আমার নঙ্গর বাঁধা এপার বাংলাতেই।

১১৮) কোনটি বেশি মূল্যবান

কোনটি বেশি মূল্যবান, হাজারো মানুষের ভিড়, নাকি নিজেকে ফিরে পাওয়া একটুকু নির্ভেজাল নির্জনতা? নিজ স্বত্বার মুক্তি, না পুরো জাতির উপর ক্ষমতা?

.

সময়ই তোমাকে বলে দিবে যে, নিজের কক্ষে একলা কিছুক্ষণ থাকাটা তোমাকে অন্য যে কোন কিছু'র চেয়ে বেশি ফল এনে দেয়।

.

সেই নির্জনতা তোমার আত্মাকে দেহ থেকে মুক্ত করে দিবে। তখন তুমি দেখতে পাবে, তোমার মতই পালিয়ে যাওয়া সেই মানবাত্মাগুলোকে যারা এভাবে পলাতকদের খুঁজে বেড়াচ্ছে। তাঁদের হৃদয় একে-অপরের সাথে এমন ভাবে যুক্ত যা তাঁদেরকে নিজ মিথ্যা স্বত্বা থেকে মুক্তি দিয়ে সদা জাগ্রত সত্য স্বত্বার দিকে ধাবিত করেছে।

.

হয়তো নিজেকে ফিরে পেতে সে সময়ে কিছু দিনের জন্যে তোমাকে এখানে-ওখানে হন্যে হয়ে ঘুরে বেড়াতে হবে। কিন্তু, সেই সময়টা পার হলেই তুমি নিজেকে একজন হাস্যজ্জ্বল মাতালের মতো আবিস্কার করবে সেই পলাতক মানুষদের দলে।

.

পিপাসা কাতর মানুষ চিরটা কাল নিজ পিপাসায় মৃত্যুবরণ করে। পাপিয়াকে তো মাঝে মাঝে বনে গান গাওয়ার জন্যে সাজানো বাগান থেকে উড়ে চলে যেতেই হয়!

১১৯) ওহে খোদার সৃষ্ট জীব, তোমার সৃষ্টি তো ধূলিকণা থেকে!

.

সেজন্যে, ধুলোর মতোই তোমায় নম্র হতে হবে। তবে কেন লোভী, অত্যাচারী কিংবা উদ্ধতদের দলভুক্ত হতে যাবে! তুমি তো আগুন হতে সৃষ্ট নও, বরং তোমার এই ধরাতে আসা ক্ষুদ্র ধূলিকণা হতে! যখন ভয়ংকর অগ্নি তার লেলিহান শিখা গর্বের সাথে মাথার উপর উদ্ধত হয়, তখন খেয়াল করে দেখেছো কি কিভাবে সেই ধুলো নম্রতার সঙ্গে নিজেকে নতজানু করে দেয়?

.

যখন থেকে আগুন অহংকারী হলো আর ধুলো বিনম্রতার পথ ধরলো, প্রথমটা থেকে শয়তানের সৃষ্টি, আর শেষেরটা থেকে? মহান মানব সভ্যতার।

.

মূলঃ শেখ সাদী

www.ingramcontent.com/pod-product-compliance
Lightning Source LLC
LaVergne TN
LVHW082038051026
849532LV00011B/3398
* 9 7 9 8 2 3 0 7 8 7 8 9 1 *